밀레니얼을 위한 명상 생활

마음도 운동이 필요해

밀레니얼을 위한 명상 생활

마음도 운동이 필요해

왈이의 마음단련장

김지언 · 노영은 지음

추천의 말

'왈이의 마음단련장'을 떠올리면 마음 한켠에 훈풍이 분다. 나는 그곳에서 내 호흡에 귀기울이는 법을 배웠다. 괴로움의 근원을 알아차리고 그대로 바라봐주는 용기를 얻었다. '이대로 충분히 괜찮다', '이미 잘하고 있다'고 내 자신에게 자주 말하게 되었다. '명상'을 하면서 얻은 것이 많다. 이 책이 내게 그러했듯, 많은 분들의 위로가 되기를.

듣똑라 김효은 (기자)

창업 후, 숨이 가쁘고 마음이 바빠질 때가 많아졌다. 솔직히 말하면 그렇지 않은 시간이 거의 없었다. 그럴 때마다 '왈이의 마음단련장'에 찾아가 산소호흡기처럼 한 '명상'은 마음의 틈을 만들어주었다. 마음에 틈이 있어야 바람이 불어도 넘어지지 않는다. 나뿐만 아니라 우리 팀은 '왈이의 마음단련장'과의 연으로, 늘 서로의 마음을 묻는다. 그래도 숨이 여기로 돌아오지 않을 때, 노방(노영은 왈이의 마음단련장 대표)이 늘 하던 말을 되뇌인다. 친절하게 다시, Just begin again.

뉴닉 빈다은 (공동창업자, COO)

어서오세요.

왈이의 마음단련장입니다.

스트레스로 머리가 지끈지끈한 날,
우울과 무기력에 널브러진 날,
잠 못드는 밤…

솔직히 마음이 이렇게까지 될 줄 모르셨다고요.

약해진 마음을 외면하지 마세요.

방치하지 마세요.

우리, 이제 마음을

제대로 바라볼까요?

PROLOGUE

왜 내 마음이 내 마음 같지 않지?

오랜 취업 준비 끝에 입사한 회사에서 길고 긴 첫날을 보냈습니다. 집에 와서 밥을 먹는데 오늘 어땠냐는 물음이 오자 "눈이 아파"라는 말이 절로 튀어나오더라고요. 앞으로 온종일 컴퓨터 앞에 앉아서 일상을 보낼 생각을 하니 아득했습니다.

입사 후 눈꺼풀과 제 관계를 영화로 만든다면 〈노예 5년〉과 비슷할 것 같아요. 제가 제 눈꺼풀을 질질 끌고 다니며, 채찍으로 때리는 장면이 다수 등장합니다. '눈을 떠! 눈을 뜨라고! 지금 자면 안 돼!' 노예제에 저항하는 주인공인 제 눈꺼풀은 탈출할 날만을 꿈꾸죠.

회사 생활에 익숙해질 만큼 시간이 흐르자 반항하는 곳은 눈만이 아니게 되었어요. 허리, 어깨, 무릎… 아픈 곳이 늘어만 갔습니다. 다 제가 몸을 노예 부리듯 해서 생긴 일이었죠. 아픈 곳이 늘어나니 살기 위해 운동을 하게 되었어요. 운동이랑은 담 쌓고 살던 친구도 입사한 지 몇 년 만에 살기 위한 근력 운동을 시작하더라고요. 이렇게 말하면서요.

"야, 진짜 내 몸이 내 몸 같지 않다니까."

이 표현에 무릎을 탁 쳤어요. 내 몸을 건강하게 만들려면 '내 몸≠나'라는 깨달음이 있어야 하는 거였어요. 내 몸이지만, 소유물이 아니라 내 친구처럼, 내 강아지처럼, 내 가족처럼 돌봐야 하는 거였어요. 말하자면 내 몸을 함부로 사용한 대가를 톡톡히 치렀고, 내 몸이 내가 아니라는 걸 깨닫고 나면 운동으로 몸을 공부하고 관리하게 되는 거죠. 내가 내 몸을 모르는 걸 인정했으니까요.

그런데 사실 마음도 몸과 마찬가지입니다. 몸처럼 내 마음도 공부하고 관리해야 하죠. 그러기 위해선 몸과 마찬가지로 '내 마음≠나'라는 깨달음이 있어야 해요. 다만 마음은 이 과정이 좀 더 길고 까다롭습니다. 그게 무슨 말이냐고요?

"내 마음이 내 마음 같지 않다"는 말 들어보신 적 있나요? 그런 말은 잘 하지 않죠. 그냥 "나 요즘 별로야"라는 식으로 마음 상태를 표현해요. '내 마음은 곧 나'라고 당연하게 생각하기 때문이지요. 마음은 보이지 않아서 독립적으로 떨어뜨려 생각하기가 어려워요. 게다가 마음의 고통은 여러 모습으로 표출되어서 '내 마음이 힘들구나'라고 곧장 알아차리기가 까다롭습니다.

예를 들어서 잠이 안 올 때, 갑자기 심장이 빠르게 뛰고 몸이 저릿저릿할 때, 특별한 이유 없이 침대에서 몸을 일으키기가 힘들 때, 아무 이유 없이 열이 날 때, 주변 사람들에게 자꾸 실수할 때, 일에 집중이 안 될 때, 까먹지 않던 것들을 까먹을 때, 내가 나를 책망하는 목소리가 커지고, 실수한 것을 스스로 물고 늘어질 때요. 이런 상황들을 '내 마음이 아파서 그런 거야'라고 알아차리기 쉽지 않다는 거예요.

내 마음을 함부로 사용해온 대가를 톡톡히 치르면서도, 좀처럼 내 마음을 나에게서 분리하여 생각하기가 어렵습니다. 설사 '내 마음≠나'라는 걸 알아도, 내 마음을 공부하고 관리하는 방법이 무엇인지 감이 안 잡힙니다.

아무렇게나 사용된 마음, 없다고 무시 받고, 거부당하고, 누군가에게 멋대로 색칠된 마음에 생채기가 납니다. 덧나고, 덧나고, 또 덧나 일상생활을 이어가기 어려운 상태가 되어서야 우리는 '마음'의 존재를 절실히 깨닫죠. 그리고 그제서야 상담심리사, 의사 선생님을 통해 조금씩 마음을 공부하고, 일상에 여러 방법들을 적용해보기 시작합니다.

'왈이의 마음단련장'에 오시는 분들을 보면 20대 후반, 30대 초반에 이런 일을 겪기 시작하는 것 같아요. 마음이 건강할 때 '내 마음≠나'를 알고 마음 운동법을 배웠다면, 그래서 마음을 튼튼하게 만들었다면, 마음에 위기가 닥쳤을 때 훨씬 가볍고 빠르게 대처할 수 있었을 거예요.

마음도 운동할 수 있다는 걸 아는 사람이 아직은 많이 없습니다. 그리고 그 운동법이 무엇인지도 모르죠. 그것은 바로바로 명상입니다.

'명상' '마음챙김' 하면 무엇이 떠오르나요? 폭포? 도인? 스티브 잡스? 종교적이고 어렵게 느껴지죠. '왈이의 마음단련장'에서는 명상에서 딱 획 하나 덜어낸 만큼 가볍고 즐거운 '멍상'을 제안합니다. 멍상은 멍 때리기도, 생각을 비우는 연습도 아니고요. 지금 내게 무슨 일이 일어나는지 판단 없이 있는 그대로 바라보는 마음 운동입니다. 앞으로 이 책에서 우리는 '왈이의 마음단련장'이 제안하는 좀 더 쉽고 친근한 명상, 마음챙김을 '멍상'이라고 부르도록 할게요.

명상은 건강한 사고를 돕는 뇌의 회로를 발달시켜 우리가 생각과 감정에 끌려다니지 않도록 도와줘요. 운동을 하면 근육이 생기면서 몸이 바뀌듯, 명상을 하면 뇌가 바뀌고 사고방식이 건강해집니다. 이건 과학적으로 밝혀진 사실이에요. '신경 가소성'이라고 하는데, 자주 사용하는 회로가 발달되고 사용하지 않는 회로가 퇴화하면서, 뇌는 죽을 때까지 끊임없이 변화하거든요. 신경 가소성 때문에 트라우마가 뇌의 회로를 바꿀 수도 있지만, 명상으로 뇌를 다시 트레이닝할 수도 있죠. 벤치프레스로 가슴

근육을 키우듯, 명상으로 뇌를 튼튼하게 단련하는 거죠.

우리가 이 책에서 함께할 명상은 내 거친 내면을 있는 그대로 바라볼 용기가 필요한 고된 훈련이라는 점도 운동과 비슷해요. 웨이트 트레이닝도 명상도 건강해지려고 하지만, 그 과정에는 적잖은 에너지가 들어갑니다. 그러다 보니 매일 고민이죠. 헬스장 문을 열기 직전까지도 '아, 오늘만 쉴까?' 생각하잖아요. 어쨌든 하고 나면 일단 오길 잘했다는 생각이 들고요.

명상도 운동이라 꾸준히 노력해야 해요. 우리가 1년에 딱 일주일만 집중해서 운동하지는 않잖아요. 매일, 혹은 주에 서너 번 조금씩 꾸준히 하죠. 하루 일과로서요. 운동하는 시간이 쌓이면 어느 순간부터 변화를 느낍니다. 몸이 건강해지면 식습관도 바뀌고, 수면 패턴도 바뀌고, 생활 패턴도 바뀌고, 그러다 보면 인간관계도 바뀌죠.

명상도 똑같아요. 생활의 일부가 되면 변화를 줄줄이 경험할 수 있다는 점에서요. 운동도 익숙해지면 헬스장이 아니라 집에서 '홈트'하기도 하잖아요. 명상도 방법을 잘 배워두면 어디에서나 이어갈 수 있답니다.

이 책에서 우리는 내 마음이 어떻게 생겼는지, 어떤 방식으로 움직이는지, 내 마음을 좀 더 효율적으로 사용할 수 있는 방법이 무엇인지 함께 살펴볼 거예요. 이렇게 내 마음에 대한 이해를 충분히 쌓고 난 다음, 실제로 명상을 해보며 마음 운동을 할 거예요.

이 모든 과정을 총 여섯 개의 코스에 담았습니다. 각 코스를 통과하다 보면 마음이 튼튼해질 거예요.

멍상은 이런 거예요.

그런데 아까부터 '명상'도 나오고 '멍상'도 나오는데, 도대체 '멍상'이 뭐냐고요?

'왈이의 마음단련장'에서의 명상을 우리는 '멍상'이라고 부릅니다. 멍상은 이런 특징이 있어요.

(시작이 쉬워요) '한번 해볼까' 싶은 거예요. 폭포가 없어도 산골짜기가 아니어도 돼요. 집, 사무실, 지하철에서 잠시 앉을 수 있는 자리만 있으면 되죠.

(방법이 쉬워요) '또 해볼까' 싶은 거예요. 간단해서 매일 틈틈이 5분, 10분, 운동하듯 할 수 있어요.

(권하기 쉬워요) '너도 해볼래?'라고 쉽게 말할 수 있어요. 무겁지 않고 생활에 직접적으로 도움이 되어요.

(안전하고 과학적이에요) 의학 · 심리학 · 뇌과학 분야에서 활발한 연구가 이뤄지고 있는 마음챙김 명상이에요.

(밀레니얼을 위한 마음 운동) 부모 세대의 니즈가 아닌 밀레니얼이 공감할 수 있는 명상으로, 젠더 감수성이 높아요.

COURSE 1

마음 인바디하세요

요즘, 마음이 어때요?

이번 코스에서는 내 마음을 들여다보고

마음 운동이 필요한 이유를 생각해봅니다.

왜 마음 운동하려고 하세요?

몇 년 전, 큰맘 먹고 동네 헬스장을 끊었던 날이 떠올라요. 그냥 집에 갈까 말까 망설이며 카운터 근처를 쭈뼛쭈뼛 서성대니, 트레이너 한 분이 다가와서 물었습니다. "처음 운동하러 오셨어요?" 고민스러웠어요. "처음일 리가 없죠! 저기 ○○헬스장 기부 천사 4년차입니다"라고 대답할 수는 없었으니까요. "네…." 들릴 듯 말 듯 대답하니 트레이너가 모퉁이의 상담실로 저를 안내했어요.

상담실에서 일어날 수 있는 일은 크게 두 가지죠. 하나는 트레이너 자신이 하고 싶은 말을 하는 것. 다른 하나는 운동하러 온 사람의 이야기를 듣는 것. 다이어트 목적이라고 지레짐작한 채 "무슨무슨 운동이 좋으니 이것부터 하셔야 해요"라고 말한다면, 이전 헬스장과 똑같은 이곳을 벗어나야겠다고 생각했을 거예요. 다행히도 그날 저는 좋은 트레이너 선생님을 만났고, 선생님은 이렇게 물어보셨어요. "왜 운동하러 오셨나요?"

'왜 운동하러 왔지? 뭐가 불편해서, 어떤 필요를 느껴서 운동을 하려고 했지?' 저에게 새삼스레 다시 물어보니, 제일 처음 떠오르는 건 허리 통증이었어요. 오래 앉아 있을 체력이 없었죠. 그뿐인가요, 왼쪽 발목은 일주일에 한 번

씩은 꼭 삐어서 걸을 때마다 통증이 있었고요. 이렇게 몸이 사소하게 불편한 순간들까지 차근차근 떠올리다 보니 '아, 내가 정말 운동이 필요하구나' 하고 스스로 납득할 수 있었어요. 운동을 하는 '의도'를 정한 것은 정말 잘한 일이었어요. 다시 마음이 느슨해졌을 때 언제든 운동으로 돌아갈 수 있는 '이유'가 되어줬거든요. 단순히 높은 성과에 집착하지 않을 수 있었고, 중간중간 작은 목표에 도달하는 것을 확인하면서 스스로 칭찬해주는 재미도 있었고요.

제가 헬스장으로 향했던 그 멀고 험한 길이, 여러분이 이곳 '왈이의 마음단련장'에 온 길과 비슷하지 않을까 싶어요. 저도 이렇게 묻고 싶어요. "왜 명상하러 오셨나요?" 이렇게 어렵사리 문을 열고 들어오신 데에는 틀림없이 이유가 있을 거예요.

스트레스 때문에 일에 대한 통제감을 잃어버릴 수도 있고요. 사소한 실패 앞에서 자꾸 무너지고 앞으로 나아가지 못할 수도 있지요. 집중해야 할 것에 집중하지 못하고, 발이 땅에 닿지 않은 사람처럼 불안을 느낄 수도 있고요. 관계가 미묘하게 틀어지고 있다는 느낌을 받거나, 몸을 너무 돌보지 않아서 몸과 자신이 아주 멀어져 있을 때도 있죠. 생각에 생각이 꼬리를 물어서 잠들지 못하는 밤들이 힘겨울 수도 있어요. 내가 뭘 할 때 즐거운지, 어떨 때 힘든지, 뭘 원하는지 모를 수도 있죠. 스스로를 모르는 자신이 답답하고요.

하지만 생각해 보세요. 누군가 위가 좀 약하다고 해서, 혹은 머리카락이 조금 얇다고 해서 그게 그 사람의 모든 것이라고 여기지는 않잖아요. 어느 한 곳이 좀 튼튼하다면, 어딘가 약한 부위가 있는 게 오히려 당연한 거예요. 그러니 편안하게 고민해도 좋아요. 마음에도 여러 부위가 있어요. 요즘 내 마음의 약한 곳은 어디인가요? 나는 마음의 어디가 불편해서 마음 운동을 하려고 하나요?

무슨 일이든 첫 단추를 잘 끼우면 멀리 돌아가지 않아도 돼요. 마음 운동 명상도 마찬가지입니다. 운동의 첫 단추, 나만의 의도를 세우는 게 중요해요. '의도'라고 하니까 조금 어렵나요? 쉽게 말하면 마음 운동을 하는 이유를 만들어보자는 말이랍니다. 지금 어떤 불편함을 느끼는지 있는 그대로의 내 상태를 충분히 들여다보면 이유를 찾을 수 있을 거예요. 그리고 현실성 있는 나만의 목표를 만드는 거죠. 자, 그 의도를 만들기 위해 내 마음의 상태를 들여다보러 갈까요?

내 마음을 인바디해보겠습니다. 마음을 들여다보며 어디가 약해졌는지, 어떤 부분은 괜찮은지 점검하려고 해요.

마음 인바디를 하면 지금 내 상태를 인식할 수 있어요. 생각보다 스트레스를 잘 견딘다고 생각했는데 취약할 수도 있고, 못하고 있다고 생각했던 부분에서 나름대로 잘 대처하고 있을 수도 있거든요.

마음 인바디는 명상으로 마음의 어떤 부분에 집중해서 운동해야 하는지 알려줘요. 잘 활용하면 효과적으로 운동 계획을 짤 수 있습니다. 마음 인바디는 명상을 시작할 때 한 번 해보고, 명상을 한 지 한 달 혹은 두 달이 지났을 때 다시 한번 해보세요. 한두 달 사이에 나도 모르게 마음에 근육이 붙고 튼튼해졌다는 걸 발견할 수 있을 거예요.

페이지를 넘겨보세요. 도형 가장 바깥쪽에 마음을 점검할 수 있는 항목들이 있지요. 28쪽의 설명과 순서에 따라 여러분의 마음 상태를 떠올려보세요. 그리고 생각한 위치에 점을 찍으면 됩니다. 그 점을 모두 이어본 뒤, 어떤 모양인지 살펴보세요.

마음 인바디하러
가볼까요?

마음 인바디, 이렇게 해봐요

1. **'스트레스 관리' 점 찍기** 스트레스에 적절히 대처하는 능력이에요. 대처 능력이 높다고 생각하면 점선 가장 바깥쪽에 점을 찍습니다.

2. **'집중력' 점 찍기** 집중해야 할 것에 집중하는 힘을 말해요.

3. **'인지적 유연성' 점 찍기** 생각에 얽매이지 않는 능력이에요.

4. **'나에 대한 이해력' 점 찍기** 자신을 얼마나 잘 알고 소중하게 대하고 있는지 생각해보세요.

5. **'신체 건강' 점 찍기** 내 몸 어디가 아픈지 알아차리고 컨디션을 관리하는 능력이에요.

6. **'공감 능력' 점 찍기** 나/타인/세상을 향한 연민과 감사의 마음은 얼마나 되는지 생각해보세요.

7. **'회복 탄력성' 점 찍기** 실패했을 때 툴툴 털고 일어나는 힘을 말해요.

8-1. 8-2 **앞의 일곱 가지 마음 상태 중 가장 노력하고 싶은 것, 지금 그대로도 괜찮은 것을 두 개씩 써보세요.**

9. **인바디한 마음 상태를 바탕으로 마음 운동의 의도를 쓰세요.**

10. **그 의도에 다가가기 위한 구체적인 목표 세 가지를 쓰세요.**

ex. 매일 아침 8시에 30분씩 명상하기, 마음 단어 주머니를 활용해 내 감정 알아차리기, 일과 관계의 결과에 욕심내지 않기

마음 인바디 &
마음 운동 의도 세우기

Date :   /   /

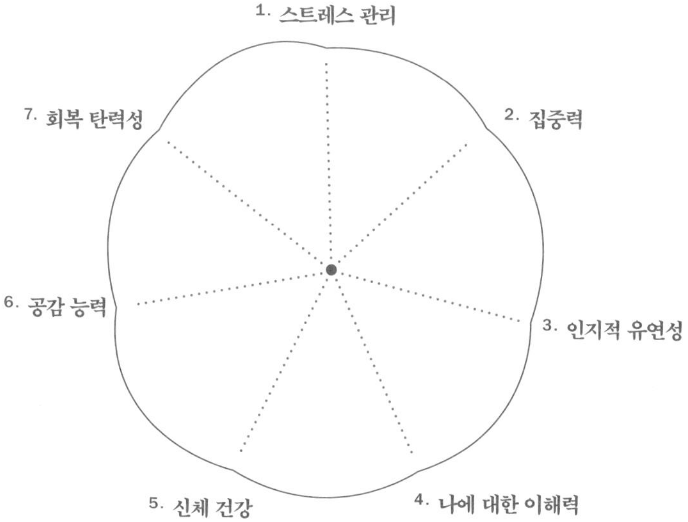

8-1. 가장 노력하고 싶은 것 두 개

8-2. 지금은 내버려두고 싶은 것 두 개

9. 마음 운동의 의도를 한 문장으로 써본다면?

10. 그 의도에 다가서기 위한 작은 목표 세 개

가장 약한 지점과 가장 튼튼한 지점은 어딘가요? 모든 걸 다 잘할 수는 없고, 다 잘할 필요도 없어요. 지치지 않고 이어가려면 강약중강약이 필요해요.

인바디한 마음 능력 중에서, 노력하고 싶은 것과 지금보다 더 잘할 필요는 없어서 내버려두고 싶은 것을 두 가지씩 표 안에 써보셨지요?

그 아래에는 내 마음 운동의 의도를 한 문장으로 써보세요. 그리고 그 의도에 다가서기 위한 작은 목표를 적어 보는데요. 달성하면 자연히 마음 운동의 의도 대로 이뤄지는 목표를 세우는 것이 좋습니다.

ex. 마음 운동 의도: 내 몸을 자주, 두루 살펴서 소진되기 전에 알아차리고 적절히 대처하기

작은 목표 세 개 :

1. 한 시간에 한 번 자세 알아차리기 : 알람 맞춰 명상하기
2. 과로가 잦은지 스스로 업무 시간 체크하기
3. 평소에 뭘 하면 스트레스가 풀리는지 기록해두기

인바디한 내용을 찬찬히 살펴보세요. 이제 여러분의 마음 운동에 의도가 생겼을 거예요. 그 의도를 이루기 위해 명상을 시작할 거예요. 명상을 하면 어떻게 되냐고요?

명상을 하면 이런 변화가 나타나요

스티브 잡스, 마크 주커버그 같은 세계적인 인물들이 명상가라는 이야기 들어보신 적 있나요? '명상을 하면 부자가 됩니다!' 이런 말은 아니에요. (혹시 그런 명상이 있다면 제가 알고 싶지만요.) 시간을 분, 초 단위로 쪼개어 쓰는 바쁜 이들이 굳이 시간을 내서 명상을 하는 이유가 있을 거예요. 명상이 우리에게 무엇을 주기에 그런 걸까요? 제가 이 책에서 소개할 '멍상'도 마찬가지고요. 명상이 주는 것들은 아주 많지만 다섯 가지만 정리해볼게요.

1. 푹 쉴 수 있어요

평소에 뭘 하며 쉬는지 떠올려보세요. 유튜브나 넷플릭스 본다, 손! 집에서 그냥 계속 잔다, 손! 스파가 포함된 호캉스를 떠난다, 손! 친구들이랑 약속 잡고 술 마신다, 손! 쇼핑하러 간다, 손! 그런데 말이죠. 이렇게 하고 나면 쉰 것 같으신가요?

쉼은 어떤 특별한 곳에만 있는 것도, 특정한 행위만을 뜻하는 것도 아닙니다. 사실 어떻게 쉬어야 할지 모르겠다는 분들이 굉장히 많아요. 그럴 수밖에 없는 게 우리는 쉬거나 멈추는 걸 배운 적이 한 번도 없잖아요. 몸은 쉬는데 마음이 못 쉬고, 마음은 쉬는데 몸은 못 쉬는 경우가 많죠.

명상은 몸과 마음이 동시에 쉴 수 있게 해줘요. 명상을 하면 일단 몸에서 변화가 일어나는데요. 자동적인 스트레스 반응을 되풀이하는 대신 우리 몸의 이완을 담당하는 부교감 신경을 활성화하여 혈압과 심장 박동, 산소 소비량을 낮추는 데 도움을 줍니다. 꿀잠은 덤이고요.

무엇보다 명상은 마음이 쉴 수 있는 안락한 장소를 알려줍니다. 그 장소는 바로 '지금 여기'예요. 자기 전까지 내일 어떤 일부터 처리할지 계획하고, 오늘 실수한 일을 떠올리며 이불킥하며 괴로워하더라도, 명상을 하는 순간만큼은 잠시 과거나 미래가 아닌 지금 이 순간의 평온함을 느낄 수 있어요.

2. 집중할 수 있도록 도와줘요

엉덩이 근육이 우리 몸의 중심을 잡아주는 코어근육이라는 사실, 알고 있나요? 직장인 대부분은 엉덩이 근육이 빈약하다고 해요. 하루 대부분을 컴퓨터 앞에 앉아서 생활하니 엉덩이에 근육이 없는 게 당연하지요.

마음 근육도 마찬가지예요. 몸을 가만히 내버려두면 중력과 생활 습관의 영향으로 엉덩이가 처지거나 자세가 미묘하게 무너져 내리잖아요. 마음도 그냥 내버려두면 휴대폰과 컴퓨터의 힘으로 우리 내면의 소프트웨어가 무너져 내립니다.

평소 컴퓨터 창을 몇 개나 띄워두고 일하나요? 한 가지 일만 하는 순간보다 두 개, 세 개를 동시에 할 때가 더 많지 않나요? 기술의 발달은 뇌를 쉴 수 없게 해요. 세상이 편해지면 편해질수록 주의는 분산됩니다. 외부의 변화에 민감한 감각 기관의 특성상 계속해서 수많은 정보를 처리하느라 뇌는 과부하 상태가 되겠죠.

명상은 이러한 산만함 속에서 정말 집중해야 하는 것에 집중할 수 있도록 도와주는 마음 운동이에요. 명상이라는 것이 기본적으로 한 곳에 주의를 집중하다 주의를 뺏기면 다시 돌아오는 과정을 반복하는 연습이거든요.

사람에게는 새롭고 신기한 것에 주의를 빼앗기는 소프트웨어가 설치되어 있어요. 연일 자극적인 영상, 음악, 뉴스가 쏟아지는 것도 그 때문이죠. 계속해서 변화하는 것에는 쉽게 주의를 유지할 수 있는 반면, 반복되는 같은 자극에 주의를 두는 것은 쉽지 않아요.

그래서 명상도 마냥 쉽지만은 않습니다. 명상은 변화하는 것에 주의를 뺏기는 우리의 습성을 정확히 반대로 거슬러 올라가는 훈련이니까요. 하지만 계속 연습하다 보면 설거지, 청소, 창밖 보기와 같이 매일 하는 반복적이고 일상적인 일들이 새롭게 느껴질 거예요. 집중하는 대상에 대한 정확한 정보를 파악할 수 있게 되거든요.

3. 생각과 감정에 덜 휘둘리게 돼요

밤 11시에 야식 먹기, 술 마시며 전 애인에게 전화하기, 얼른 자야 한다는 걱정 때문에 잠 못 이루기. 이런 행동들의 공통점은? 내가 아닌 감정이 결정한 일을 하고 있다는 것!

내가 알아차리지 못한 생각이나 감정은 언제 터질지 모르는 폭탄의 뇌관 같아요. 오히려 아주 두렵고 우울한 기분에 휩싸이더라도, 그걸 알아차리고 '두려움' '우울'이라고 이름 붙일 수 있다면 다행이에요. 그렇게 이름을 붙여 그 감정을 나와 분리한다면 기분을 피해 도망다니거나 막연한 불안감에 휘둘리지 않을 수 있으니까요.

가장 위험한 때는 내가 알아차리지 못한 어떤 감정이나 생각이 계속해서 내 삶에 영향을 주고 있을 때랍니다. 이들이 무의식 깊숙한 곳에서 나를 대신해 결정을 내리거든요.

명상은 습관적인 생각과 감정의 고리, 행동 방식을 객관적으로 바라보게 합니다. 생각이나 행동을 바로 알아차리는 법을 연습하고, 그것들과 거리를 두면서 행동과 생각에서 좀 더 자유로워지는 거예요. 거리를 두었기 때문에 습관적으로 반응하는 대신 내 행동과 태도를 선택할 수 있는 내면의 공간이 생기는 거죠. 명상이 선사하는 가장 생활밀착적인 변화예요.

4. 스스로에 대한 이해가 깊어져요

명상은 자기 자신을 객관적으로 보는 훈련이에요. 일반적으로 우리는 우리가 보는 현실을 절대적이라고 착각해요. 하지만 우리가 보고 있는 건 우리 뇌에서 재구성된 현실이에요. 있는 그대로의 사건에 나만의 판단과 생각, 감정을 보태어 바라보는 거죠. 명상은 내가 무엇을, 어떻게 보고 있는지를 관찰하는 거예요. 말하자면 나를 보는 연습입니다.

내가 뭘 원하는지 몰라서 무슨 일을 해야 할지 고민인 분들을 자주 만나요. 내가 궁금하고, 나를 더 알아가고 싶다면 밖을 향한 시선을 안으로 데려오세요. 눈을 감고 명상하세요. 순간순간 나는 어떤 것을 느끼는지, 무엇을 원하는지, 어떤 생각을 하는지를 알아차리다 보면 사회나 가족이 요구하는 것, 내가 자신에게 요구해오던 것과 내가 정말로 원하는 것을 분리할 수 있어요.

내 마음이 보내는 소중한 신호에 섬세하게 귀기울이다 보면, 세상의 신호보다는 나의 신호에 무게를 실어주게 될 거예요.

5. 더 나은 관계를 위한 넉넉한 품이 생겨요

우린 판단하는 습관이 있어요. 판단이 삶을 편하게 만들어주기도 하지만, 때론 이 습관 때문에 너무나 쉽게 혐오감, 단절감, 분노 같은 감정에 빠져버려요. 다른 이들과의 공통점보다는 차이점에 집중하는 판단을 할 때 '나는 저 사람과 달라!'라는 생각이 치솟죠.

내면을 솔직하게 바라보는 명상은 타인과 나의 공통점을 발견하게 합니다. 명상을 하면 내게도 별로인 면들이 아주 많다는 걸 알게 되거든요. 쉽게 사람을 미워하고, 나에게 유리한 방향으로 대화를 유도하고, 때론 시기하고 질투하는 것도 다 나의 일부고요. 예전에는 '판단하지 않기'라는 도구가 없어서 용감하게 인정하지 못했던 면들을 비로소 바라볼 수 있게 되는 거죠.

명상을 하며 그런 면들을 지닌 게 잘못이 아니라 인간이라서 당연한, 아주 평범한 습성이라는 걸 받아들이고 나면요. 전에는 판단 가득한 시선으로 바라본 내 못난 면들이 이제는 아주 자연스러운 나의 일부라는 걸 깨닫게 돼요. 내가 나 자신을 크게 품는 거죠.

나를 향한 넉넉한 품은 주변 사람들과의 관계에 긍정적인 변화를 가져옵니다. 우리 모두가 완벽하지 않은 존재임을 받아들이고 연결감을 느끼는 연습을 통해 연민과 공감을 키울 수 있어요.

명상할 때 어떤 목적을 두지 않고 그냥 일단 하라는 이야기가 있어요. 어딘가 목적지로 가는 것에 몰두하며 내달리는 것이 아니라 지금 여기에 '존재'하는 것이 명상의 본질이기 때문일 거예요. 아무래도 우리가 살아온 습관대로라면 목적을 달성하지 못할 때 쉽게 조바심을 내게 되고 현재를 잊을 확률이 높으니까요.

혹시 명상을 통해 신비로운 경험을 하길 기대하거나, 생각을 비우고 감정에서 완전히 자유로워지는 것을 바랐나요? 우리가 걷는 길은 그 길이 아니랍니다.

대신 실현 가능한 목표와 의도를 세워볼 거예요. 일상 속에서 지금까지 살펴본 명상의 다섯 가지 힘을 느끼고 있는지, 내가 어디로 얼마큼 걸었는지 중간중간 체크해봐요. 변화를 느낄 수 있어야 마음 운동을 할 동력이 생길 테니까요.

나는 '지금, 여기'에 와 있나? 나는 좀 더 나와 친해졌나? 나는 생각과 감정을 좀 더 잘 다룰 수 있게 되었나? 잠시 길을 벗어났을 때 나는 다정하게 다시 시작하고 있나? 나는 제대로 쉬고 있나? 하고 물어보면서요.

예컨대 저의 이번 달 목표는 '한 시간에 한 번 알람을 맞춰 두고 등을 느끼자'였어요. 일에 몰두하면 자세가 무너져 내려 목에 통증이 생기곤 하는데요. 목이 아프면 자연히 두통이 오고 하는 일에도 집중하기 어려워지더라고요. 일에 집중이 안 되면 자책으로 빠지기 쉽고요. 그래서 '평소에 허리부터 목으로 이어지는 등 알아차림 명상을 하자'는 의도를 세웠습니다. 이런 식으로 나의 필요에 맞게 현실적이고 세부적인 목표를 세워보세요.

나의 필요에 맞는
마음 운동을 해볼까요?

왈이가 보내는 편지

나와 나 사이

그런데 말이에요. 아까부터 종종 언급되는 '마음챙김'이 도대체 뭘까요? 자, 일단 귤을 떠올려보세요. 책상 위에 귤이 있어요. 우리는 흔히 내가 보는 귤과 내 옆에 있는 사람이 보는 귤이 같다고 생각하지요. 하지만 각자가 보는 귤의 모습은 달라요. 100명이 귤을 보고 있다면 각기 다른 버전의 귤 100개가 있는 거예요.

내가 보는 귤은 내 눈과 뇌의 여러 작용을 거쳐서 인식된, 나만의 의미가 부여된 귤입니다. 저 사람이 보는 귤도 그 사람의 뇌에서 재해석된 귤이지요. 우리는 같은 것을 보고 있지만, 두 사람이 보는 귤이 온전히 같을 수는 없어요. 귤만 그런가요? 눈앞의 모든 현실은 내가 재해석한 현실입니다. 절대적이지 않아요.

마음챙김이란 세상을 보는 나를 보는 것입니다. 마음챙김의 방법 중 하나가 바로 명상이고요. 마음챙김을 모르는 사람은 귤을 봅니다. 마음챙김을 하는 사람은 귤을 볼 때 귤과 귤을 보는 나를 동시에 봅니다.

명상을 하는 사람과 명상을 하지 않는 사람의 시야는 딱 그만큼 차이가 납니다. 과격하게 말하자면 마음챙김할 때는 내가 보는 세상이 두 개가 됩니다. 외부의 현상적인 세계와 나의 내면 세계죠.

귤을 보는 장면으로 다시 돌아가볼까요.

'나는 지금 〈귤이 있네. 아주 못생긴 귤이야. 아직 귤이 나올 때가 아닌 것 같은데. 이제 첫 수확된 귤인가. 색깔을 보니 아주 달 것 같지는 않네. 갑자기 입에 침이 고여. 역시 시겠지? 신 건 딱 질색이야. 보기만 해도 이가 시린 느낌이 드는 것 같아. 엄마가 귤을 좋아하는데 한 박스 사서 보낼까? 얼른 보내야겠다〉라고 하고 있구나.'

마음챙김을 하는 사람이 '귤을 바라보는 나'를 바라본다는 것은 위와 같아요. 귤을 보면서 내가 어떤 생각을 하는지 인식합니다. 쉽게 말하면 '라고 하고 있구나'가 추가되는 거죠. 주의가 귤에만 있는 것이 아니라, 귤을 바라보는 나에게도 있습니다. 어느 한쪽이 절대적이지 않은 것이죠.

귤을 바라보는 나를 보는 것이 왜 중요할까요. 거기에서 '나와 나 사이'가 새롭게 시작되기 때문이에요.

예전에는 그냥 화를 냈다면, 이제는 내가 상대에게 미안함을 느낄 때 오히려 더 쉽게 화를 내는 것을 알고 화를 내고요. 그 과정에서 '화내지 말아야지. 따뜻하게 말해야지'라고 생각하는 나를 바라보며 내가 시도 때도 없이 얼마나 많이 다짐하는 인간인지를 발견하기도 해요. 내가 나의 연약함을 감추기 위해서 많은 갑옷을 걸치고 일부러 형식적인 말투를 사용한다는 것을 알게 되기도 하죠. 그뿐인가요. 나는 사소한 친절에 어떻게 반응해야할지 몰라 쉽게 어색함을 느끼는 인간이라는 것도 알게 됩니다.

'행동하는 나'와 '관찰하는 나'를 떼어놓는 건, 마치 연애 초반에 연인에 대한 정보를 하나하나 수집해갈 때와 같아요. 점점 호기심이 생기거든요. 마음챙김에서는 그 상대가 '나'라는 게 다르지만요. 이제는 내가 행동하는 순간순간이 내가 지금 이 상황을 어떻게 바라보는지를 알 수 있는 정보가 되고, 나를 알아갈 수 있는 기회가 됩니다.

공부 잘하는 애들을 보면 이제 막 시험이 끝났는데도 두 개 틀려서 94점이라고, 어디서 뭘 틀렸는지 정확하게 알잖아요. 자신이 뭘 모르는지를 저렇게 잘 알고 있다는 사실이 놀랍죠. 내가 뭘 알고 있는지, 뭘 모르고 있는지를 안다는 것은 자신의 생각에 대해 판단하는 능력인 '메타 인지'에 능하다는 뜻입니다.

마음챙김은 내 주의에 대한 메타 인지를 훈련하는 일입니다. 말하자면 '주의에 대한 주의'인거죠. 그러니 마음챙김을 이어간다면 나를 아주 효율적으로 공부할 수 있겠죠.

마음챙김으로 '나' 공부를 이어가다 보면, 자연스럽게 나와 나 사이의 관계를 위해서 의식적으로 이런저런 노력을 하게 됩니다. 그러다 보면 이제껏 남에게 바라고 기대했던 것들을 사실은 내가 나에게 해줄 수 있다는 걸 알게 돼요. 누군가의 위로를 기다리지 않고 내가 나에게 힘을 줄 수 있다는 것은 얼마나 기쁜 소식인가요.

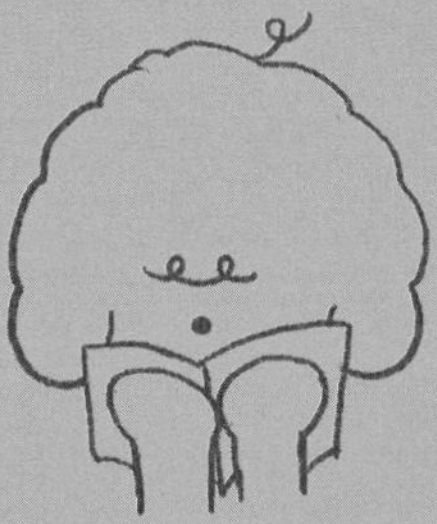

COURSE 2

마음은 이렇게 생겼어요

마음 운동 두 번째 코스입니다.

마음이 어떻게 생겼는지 알아야

어떤 부위를 단련해야 할지

알 수 있겠죠?

헬스장에서 근력 운동할 때를 생각해보세요. 정확한 기구 사용법도 중요하지만, 그에 앞서 내 몸에 대한 공부가 필요하지 않나요? 물론 무턱대고 기구 사용법을 알려주고는 '하세요!'를 외치는 트레이너도 있죠. 하지만 저는 지금 시도하려는 이 운동법이 왜 필요한지, 내 몸 어느 부위의 힘을 사용하는지, 이 부위는 어떻게 사용하면 되는지 알려주는 분이 좋더라고요.

내 몸이 어떤 근육으로 이루어졌고, 서로 어떻게 연결됐는지, 사용법은 무엇인지, 어떤 것을 조심해야 하는지 먼저 배우면요, 원하는 근육을 정확하게 자극하면서도 안전하게 운동할 수 있어요. 또, 내가 지금 하는 운동에 대한 전체적인 그림을 그릴 수 있고요.

그런데 보통 처음 명상을 접할 때, 앱에서든 수업에서든 바로 실전으로 뛰어듭니다. '일단 해봐!' 이거죠. 이 방식이 언뜻 보면 효율적인 것 같아도, 바쁘고 성미 급한 저 같은 사람에게도 효과가 없었어요. 내 마음에 대한 이해 없이 실전에 돌입하면 '이걸 내가 왜 하고 있지?'라는 질문이 일어나기 마련이거든요. 전체적인 그림이 보이지 않으면 '왜'를 묻는 질문 앞에서 마음 운동 의지가 무너지고

맙니다. 그렇게 명상도 자연히 멀어지게 되고요.

근력 운동을 할 때처럼 마음 운동도 마음이 어떻게 생겼는지, 어떻게 작동하는지 큰 그림을 먼저 그려야 한다고 생각해요. 우리가 할 '명상'은 그 그림을 그리는 것부터 시작할 겁니다. 이렇게 해야 마음 운동이 더 재밌고 효율적이거든요.

눈을 감고 명상할 때면 내 마음의 구성 요소들이 툭툭 튀어나오는데, 이게 뭔지 알고 대하는 것과 모르고 경험하는 것은 천지 차이예요. 공포 영화도 어떤 것이 나올지 모르고 보면 분위기에 쉽게 압도되잖아요. 하지만 알고 보면 덜 무섭고, 덜 시달리게 되죠. 마음은 눈에 보이지 않기 때문에 그 차이가 더 커요. 본격적으로 눈을 감고 명상하기 전에 이번 코스에서 내 마음이 어떻게 생겼는지 살펴보기로 해요.

자, 그래서 마음은 어떻게 생겼냐면요. 음, 강아지랜드입니다! 네 마리 강아지가 먹고 자고 뛰어노는 모습을 상상해보세요. 내 의지와는 무관하게 뛰어다니는 마음 강아지들이죠. 이 아이들을 생각이, 감각이, 감정이, 욕구라고 부를게요.

이 강아지들은 아주 어리고, 각기 다른 개성을 지녔어요. 뭘 몰라서 버릇도 없고, 어딜 가나 난장판을 치는 이

녀석들이 우리 마음에 삽니다. 항상 내 뜻대로 움직이지는 않지만, 천천히 시간을 들인다면 함께 사는 법을 익힐 수 있어요. 한 마리, 한 마리 자세히 살펴볼까요?

멍-팁!

강아지와 함께 사는 분들은 아시겠지만, 강아지들은 절대 내 뜻대로 얌전히 있지 않지요. 마음 강아지들도 처음엔 야생마처럼 날뛸 거예요. 그래도 포기하지 않고 이 아이들을 대하는 정확한 방법을 배우고 연습해보면요, 서로에 대해 좀 더 알게 되고, 서서히 익숙해집니다. 어떤 부분은 좀 양보하고, 또 어떤 부분은 지켜내면서 내 마음이라는 공간을 이 강아지들과 알콩달콩 나눠 쓸 수 있게 될 거예요.

첫 번째 마음 강아지, 생각
"지금 무슨 생각하셨어요?"

내 마음의 8할이 생각입니다.

'좀 이따 뭐 먹지? 생각이 강아지라고? 아, 책 읽는데 밖이 되게 시끄럽네. 역시 마라탕에는 중국 당면을 넣어야 해. 어제 그런 말은 하지 말걸….'

이 모든 것이 생각이에요.

생각은 주로 과거나 미래에 있습니다. 과거에 좋았거나 싫었던 일, 혹은 미래에 좋거나 싫을 일. 이 두 곳을 왔다 갔다 하지요. 물론 과거나 미래 어디에도 속하지 않는 전혀 엉뚱한 상상도 있어요. 형태도 다양해서 때로는 똑 떨어지는 문장으로 찾아오고, 어떤 경우에는 이미지로, 완결성 없는 어떤 문구나 단어로 다가오기도 합니다.

생각은 합리적인 것이라고 여기는 사람들이 많아요. 일상 속에서 생각은 일반적으로 유용한 도구의 측면이 강조되잖아요. 이제까지의 실수를 반복하지 않고, 미래를 대비하는 전략을 짤 수 있게 해주니까요.

이름	생각이
소개	넷플릭스급 흡입력을 가진 스토리텔러
필살기	멍상 중 소설 쓰기
특징	마음대로 바꿀 수 없음 미끄럽고 빠름 과거나 미래에 살고 있음 알고 보면 사실 아무것도 아니라는 소문이 있음

하지만 우리에겐 수많은 생각이 있고 그중엔 자기 파멸적이며, 나를 강하게 옭아매는 것들도 아주 많지요. 어떤 생각은 불필요한 감정을 일으켜 현실을 있는 그대로 바라보는 데 걸림돌이 되기도 해요. 끈질기고 해로운 생각들입니다. 생각의 특징을 잘 알아둬야 나쁜 생각에서 나를 보호할 수 있습니다.

생각의 특징

내 마음대로 비우거나 바꿀 수 없어요

생각의 스위치가 완전히 망가져서 잠에 들지 못했던 때가 있었어요. 우유도 데워 먹고, 보조제도 먹어보고, 수면에 도움을 주는 오일을 발라봐도 큰 도움이 안 되더라고요. 결국 병원에 가서 수면유도제를 처방받았어요. 그런데 약이 똑 떨어진 날에는 잠이 안 오더라고요. 그럴 수밖에 없는 게 약은 증상을 개선해주지만 문제의 근원을 뽑아주지는 못하니까요.

결국 생각이 원수예요. 자려고 눕기만 하면 내일 해야 할 일이 떠오르거나, 오늘 했던 실수가 떠올랐어요. 그때 달리할 수는 없었던 걸까 생각하죠. 머릿속 계획과 회상을 꽃병에 담긴 오래된 물을 버리듯 시원하게 비울 수 있다면 얼마나 편하고 좋을까요.

그런데 우리의 흔하고 오랜 바람인 이 '생각 비우기'에는 반전이 있어요. 생각을 비우는 건 애초부터 불가능하다는 사실이죠.

자, 지금부터 초록색 강아지를 생각하지 마세요. 어떤가요? 이 말을 듣는 순간, 초록색 강아지가 어디선가 날아와 머릿속을 둥둥 떠다닙니다. 커졌다가 작아졌다가 구석으로 갔다가 가운데로 옵니다. '생각하지 말아야지, 말아야지' 할수록, 더 나를 따라올 거예요. 이처럼 생각은 비울 수 없을 뿐만 아니라, 내 맘대로 바꿀 수도 없어요.

'왜 나는 생각을 고쳐먹지 못하지?'라고 나를 탓하지 마세요. 모든 생각을 책임지려고도 하지 마세요. 생각이 일어난 건, 그걸 고쳐먹기 어려운 건 내 잘못이 아니니까요. 그냥 생각이라는 강아지가 어디선가 나에게 쪼르르 달려온 거예요. '내 잘못이 아니라, 어차피 안 되는 거였어!' 이걸 아는 것만으로도 마음이 한결 홀가분해져요.

빠르고 미끄러워요

생각은 아주 빠르고 미끄럽다는 특징이 있어요. 구름을 타고 다니는 강아지를 상상해보세요. 느릿느릿 지나가기도 하지만, '음, 벌써 왔다 갔나?' 싶을 정도로 어느새 사라져 있기도 해요. 지금부터 30초 동안 일어났다 사라지는 생각을 세어보세요. 바로 "몇 개!"라고 정확히 답하기가 어렵습니다. 30초가 다 간지 모르고 생각에 빠져 있을지도 몰라요. 내가 아무리 생각에 빠지지 않으려고 애써도, 나도 모르게 퐁당 빠지게 되거든요. 스트레스 상태에서는 생각이 폭포처럼 쏟아져 내리기도 해요. 쏟아지는 생각이 시야를 가려서 상황이 명료하게 보이지 않습니다. 이 생각도 맞고 저 생각도 맞는 것 같아요. 이게 모두 생각의 빠른 속도 때문에 일어나는 일입니다.

넷플릭스만큼 흡입력이 대단해요

최근 기분 나빴던 일을 떠올려보세요. 몸에서 즉각 반응이 올라올 거예요. 어딘가 간지럽다거나, 머리가 지끈거리죠. 생각만으로도 감정과 감각이 일어납니다. 아주 강력하죠.

생각은 천재 연출가의 자질이 있어요. 생각이 만들어낸 시나리오는 아주 그럴듯해 보이거든요. '그 사람이 내 부탁을 거절한 건 나를 싫어해서야!' 한번 이 생각이 들면, 생각은 곧이어 그동안 그 사람이 한 행동 중 내가 이해할 수 없었던 것들을 끊임없이 나열합니다. 그 사람이 나를 싫어한다는 주장에 맞는 근거들을 써 내려가는 거죠. 이런 식으로 생각이 쓴 시나리오는 그럴듯해져요.

어떤 생각은 좀 더 매력적이고 파멸적이에요. 나를 매번 위험에 빠뜨리지만 거부할 수 없는 유혹을 지닌 생각들을 '핵심 믿음'이라고 부르기도 합니다. '나는 사랑받을 수 없을 거야' '이 사람도 어차피 나를 떠날 거야' '나는 아무 결정도 내릴 수 없어' '나는 어떤 것도 얻을 자격이 없어' 이런 생각들을 핵심 믿음이라고 할 수 있죠. 이 믿음은 일생에 걸쳐 단단해진 것들이기 때문에 아주 강렬해요. 그래서 우리는 더 쉽게 빠져들죠.

생각은 사실 아무것도 아닙니다

하지만 알고 보면 생각은 아무것도 아니에요. 마치 홀로그램 같아요. 생각은 실재하지 않잖아요. 생각을 현실이라고 믿을 때만 딱 그만큼의 무게가 더해져요. 하지만 우리는 그 사실을 너무 자주 잊곤 해요.

생각은 현실이 아닌데도, 나 혼자 쓴 시나리오일 뿐인데도, 혼자서 이게 틀림없다며 다짜고짜 성질을 내기도 하고요. 생각에 빠져 혼잣말이 튀어나오거나 한숨을 쉬기도 하죠. 생각은 내가 무게를 실어주기 전까지는 아무것도 아니라는 사실을 잊지 마세요.

생각의 카테고리

우리는 앞으로 명상을 하며 생각의 내용 속으로 빠지는 게 아니라, 생각을 머릿속에 일어나는 하나의 사건으로 바라보는 연습을 할 텐데요. 생각을 카테고리로 나누어 두면 명상할 때 요긴합니다.

'내가 그렇게 말했는데도, 걔가 그런 식으로 반응했다는 건 나를 아예 신경쓰지 않는다는 건가?' 라는 생각을 했다고 해보죠. 이에 대한 우리의 자동적인 대응은 이 생각에 심취하면서 무게를 실어주는 거였어요. 그 사람의 행동이나 말을 다시 떠올려 되감기하고, 의미를 보태는 것이죠.

하지만 이제부터 우리는 생각에 빠지지 않고, 조금 멀리서 '어? 나 지금 생각하고 있네?' 하고 알아차릴 거예요. 그리고 그 생각을 아래 몇 가지 카테고리 중 하나에 툭 넣어버릴 거예요. 이 경우는 아주 단순해요. 과거 있었던 일을 되짚고 있었으니 '회상', 혹은 어떤 사람의 행동을 내 방식대로 평가하고 있었으니 '판단' 카테고리 정도에 넣으면 되겠죠. 카테고리 몇 가지를 소개하겠습니다.

1. 회상

과거의 어떤 일로 자꾸 돌아가는 생각입니다. '그때 참 좋았었지, 그때 그러지 말걸' 이런 것들을 넓은 의미에서 볼 때 모두 회상이라고 볼 수 있어요.

2. 계획

미리 하는 모든 생각은 계획입니다. 다음 일의 방법이나 순서, 규모 같은 것들을 미리 고민하고, 심지어 상상 속에서 하나하나 이행하기까지 합니다. 명상으로 내 마음을 바라보기 시작하면 가장 자주 사용하게 될 생각 카테고리예요. 우리는 생각보다 지키지도 않을 계획을 엄청나게 많이 하거든요!

3. 판단

있는 그대로의 사실에 내 의견을 보태는 것을 판단이라고 합니다. 좋다, 싫다! 옳다, 그르다! 하는 것도 판단이죠. 있는 그대로의 진실은 피부에 축축한 땀이 흐르고, 열기가 느껴지는 것이라면 '아, 너무 더워! 더운 거 진짜 싫다!'는 우리가 느끼는 진실이긴 하지만 사실은 판단이죠. 이렇듯 우리는 확정하듯이 결론을 내리는 일이 많은데요. 그게 바로 판단의 특징입니다. 우리 안의 판사는 자기주장이 아주 강하거든요.

4. 상상/공상

과거도 미래도 아닌 몽롱한 상상을 하게 될 때가 있잖아요. '내가 만약 발리 우붓의 오두막에 누워서 봉봉을 마시고 있다면… 거북목 증후군을 치료할 수 있는 신약이 개발된다면….' 이런 게 모두 상상 혹은 공상으로 분류할 수 있는 생각이죠.

나만의 생각 카테고리를 만들 수도 있어요. 내 방에 꽂힌 책들을 보면 내 취향과 관심사에 맞추어 나만의 특별 카테고리를 만들 수 있잖아요. 자주 하는 생각들을 떠올리며 생각에도 나만의 특별 코너를 만들어보세요. 아래와 같이요.

특별 1. 자책

자기 비난이 체화되어서 나를 탓하는 생각들이 아주 자

연스럽게 흘러가는 경우가 많아요. '그건 내가 부족해서고, 내가 게을러서야' '난 사랑받을 자격 없어' 이 모두가 자책이죠. 이런 생각이 들면 자책 카테고리를 하나 만들어두고, 그곳에 던져 넣으세요. 나를 책망하는 목소리에 덜 빠져들 거예요.

특별 2. 원망

누군가를 탓하고 원망하는 생각이 찾아올 수도 있죠. 고정된 한 명의 대상이 있기도 하고요. 가족, 배우자, 연인, 상사… 그 대상은 누구나 될 수 있습니다. 괴로운 인간관계가 있고, 최근 그와 관련한 어떤 강렬한 사건이 있었다면 주로 원망과 자책이 한 세트로 몰려다닐 텐데요. 이런 생각이 들때는 원망이라는 카테고리에 넣어버리세요. 그리고 거리를 두고 지켜보세요.

특별 3. 자의식

어떤 이가 다른 이야기를 하는데, 나는 그걸 전부 내 얘기로 돌려서 듣고 있을 때가 있어요. 예를 들어 어떤 사람이 자기 동료가 내향적인데 "내향적인 사람이 일을 잘해"라고 말했어요. 그럼 나는 이렇게 생각하는 거예요. '나는 외향적인데, 그렇다면 난 일을 못한다는 건가?'

'이 사람이 나를 어떻게 볼까' 이런 생각들이 떠오를 때는 '자의식'이라는 카테고리를 만들어 넣어버리세요. '나 자신'이 얼마나 큰지 시도 때도 없이 나에 대한 판단과 생각들이 일어나는 게 사람이에요.

특별 4. 되새김질

소가 네 개의 위로 여물을 여러 번 소화하듯이, 사람에게도 계속 곱씹는 기억이 있는 것 같아요. 저에게는 지난 2년 동안 계속해서 돌아오는 기억이 있는데요. 이제는 거기에 빠졌다 돌아오기를 하도 반복해서 웃음이 날 때도 있어요. 그런 생각은 '되새김질'이라는 카테고리에 넣어 버리자고요.

생각을 다루는 방법

생각은 생각일 뿐이에요

영화 〈해리포터〉 시리즈 3편 '아즈카반의 죄수'을 보신 적 있나요? 제가 이 영화에서 제일 좋아하는 장면은 무디 교수가 수업 시간에 학생들에게 '보가트'라는 마법 생물을 소개하는 부분이에요.

보가트에게는 아주 소름 끼치는 능력이 있습니다. 상대가 가장 두려워하는 것으로 변신하는 능력이에요. 보가트를 물리치는 방법은 단 하나. 보가트가 사실은 아무것도 아니라는 걸 알고, "리디큘러스!"라는 주문을 외치면서 웃는 거예요. 간단하죠?

생각은 딱 보가트 같아요. 생각이 그저 생각일 뿐이라

는 걸 알고, 미소를 띠고 바라보세요. 아마 바람 빠진 풍선처럼 쪼그라들 거예요. 그 순간의 자유로움은 말로 설명할 수 없을 정도예요. 그런 자유로움이 있는데, 생각이 써 내려간 시나리오에 굳이 에너지를 쏟을 필요는 없죠.

감각의 뒤로 물러서세요

소모적인 생각에 자꾸 빠지게 될 때가 있습니다. 그럴때 '생각에 빠지지 말아야지! 비워야지!'라는 다른 생각으로 나를 다그치지 마세요. 그러면 생각과 생각의 틈새에 갇히게 돼요. '생각하지 말아야지!' 내몰면 내몰수록 좀비처럼 달려드는 게 생각이거든요. 대신 몸에 느껴지는 이런 저런 감각에 집중하세요.

쏟아지는 생각을 멈추려고 노력하기보다는, 멀리서 생각이 쏟아지고 흘러가는 모양새를 바라보는 거예요. 그러기 위해서는 감각의 도움이 필요해요. 숨이 들어오고 나가는 코끝의 느낌과 소리 같이 지금 내가 느낄 수 있는 것만 느끼는 거예요. 그러면 '아, 내가 이렇게 생각이 많구나. 이런 식으로 생각이 쏟아지는구나. 생각이 이렇게 꼬리에 꼬리를 무는구나' 하고 지켜볼 수 있어요.

주변이 아무리 시끄러워도 그 소음에 내가 일일이 매달리지 않으면 잠을 잘 수 있잖아요. 생각이 쏟아져도, 마음의 평안을 놓치지 않을 수 있어요. 감각 뒤로 물러설 수만 있다면요.

산타 할아버지 같은 생각 알아차리기 명상

'생각 알아차리기' 명상은 지금 내가 어떤 생각에 빠져 있는지 거리를 두고 바라보는 마음 운동이에요. '내가 지금 생각을 했구나!' 하고 알아차리는 명상이죠. 그런데 저는 이 명상을 할 때면 꼭 아이디어가 떠오르더라고요. 당장 명상을 멈추고 메모하고 싶을 만큼요. 그래서 생각 알아차리기 명상이 산타 할아버지 같다고 생각했어요.

저처럼 명상하다가 생각에 푹 빠지는 분들이 계실 거예요. 머릿속에서 그럴듯한 아이디어를 펼쳐나가거나, 공상에 빠지거나, 골치 아픈 문제를 이참에 하나하나 정리합니다. 일부러 생각에 빠지죠.

하지만 이건 명상이 아니에요. 명상이란 지금 이 순간 나의 내부와 외부에서 일어나는 일들을 판단하지 않고 알아차리는 마음 운동인데, 생각에 빠진 순간에는 운동이 안 되거든요.

좋은 아이디어가 떠오르거나 당장 생각이 꼭 필요한 문제가 있으면 어쩌냐고 시무룩해지실 건가요. 생각이 필요한 걸 부정하는 게 아니에요. 누구나 생각이 꼭 필요한 순간이 있잖아요. 중요한 결정을 앞두고 있거나, 전략이 필요할 때는 생각하는 시간을 따로 마련하면 돼요.

멍상을 할 때는 생각에게 '지금은 아니야. 네가 안 중요해서가 아니라, 지금 내가 할 일은 따로 있거든' 하고 말하세요. 생각을 붙들지 않습니다.

생각 알아차리기 명상은 생각을 정리하는 데에 도움을 주지는 못하지만, 좀 더 특별한 선물을 줍니다. 선물을 어떻게 받냐고요? 그저 별별 생각들이 쏜살같이 뛰어가는 광경을 보고만 있으면 됩니다.

첫 번째 선물 : 내 생각 습관 알기

첫 번째 선물은 내 생각 습관을 알아챌 수 있다는 거예요. 명상을 하며 생각을 관찰하면 내 사고 패턴이 보이거든요.

저는 앞날을 걱정하고 계획하고 다짐하는 습관을 지녔다는 걸 알게 됐어요. 1스텝 앞서 계획하는 정도가 아니라 5스텝, 불안한 날에는 10스텝까지 미리 계획해요. 머리를 아주 아주 많이 굴리는 사람이더라고요!

생각하는 동안은 계획이 그럴듯해 보이죠. 하지만 생각이 일어나는 걸 인식하고, 어떤 생각인지를 살펴보면 말도 안 되는 생각일 때가 많아요. 이런 패턴을 알면 좀 더 쉽게 '생각은 생각일 뿐'이라는 중요한 사실을 기억할 수 있습니다.

두 번째 선물 : 생각의 우선순위 보기

방석에 앉아서 생각에 주의를 둡니다. 계속 떠오르는 생각에 '지금은 아니야'라고 다정히 말합니다. 생각이 또 떠오릅니다. 그러면 다시 과거나 미래에 있던 생각에서 지금으로 돌아오는 과정을 반복하세요.

생각이 많은 날에 이렇게 15분이나 30분쯤 앉아 있으면 반복해서 빠져드는 특정한 '생각'이 나타날 거예요. 생각의 종류를 굳이 추적하거나 외우려 하지 않아도, 나에게 시급한 문제는 이렇게 자신을 드러냅니다.

이 신호를 놓치지 않기 위해 명상 일기를 써도 좋습니다. 시간이 지나면 어떤 생각이 가장 시급했는지 기억이 안 나는 경우가 많거든요. 명상 일기를 쓰면 질문할 수 있어요. '왜 그 생각이 자꾸 떠오를까? 나는 무엇이 마음에 걸릴까? 나는 지금 뭘 제일 중요하게 생각하고 있을까?' 자, 이렇게 하면 생각의 우선순위가 보이죠. 이제 그 문제부터 고민해보면 됩니다

세 번째 선물 : 핵심 믿음 발견하기

생각을 더 깊이 파고들면 그 속에는 나 혹은 타인, 세상에 대한 '핵심 믿음'이 숨어 있어요. 계속 걱정하고 계획하고 다짐하는 생각 속에는 '지금으로는 부족하다. 나는 있는 그대로 사랑받을 수 없다. 나는 지금 온전하지 못하다' 같은 핵심 믿음이 있더라고요. 조심하세요. 앞서 살펴

봤듯이 핵심 믿음은 인상착의가 아주 매력적인 데다가 흡입력도 있으니 주의하셔야 해요.

네 번째 선물 : 아이디어가 우수수!

네 번째 선물은 아이디어 나부랭이입니다. 명상을 하면 아이디어들이 우수수 떨어지지요. 하지만 이것들이 나부랭이에 불과한 이유는 위의 세 가지 선물과 비교하면 너무 작고 조촐한 선물이기 때문입니다. 생각이 생각일 뿐이듯 아이디어도 실행하기 전까지는 아이디어일 뿐이잖아요. 명상이 끝난 뒤 뜯어보면 생각보다 그렇게 대단한 아이디어는 아닌 경우가 많더라고요.

두 번째 마음 강아지, 감각
"감각이는 언제나 곁에 있어요"

두 번째 마음 강아지는 감각입니다. 감각 강아지는 언제나 우리와 함께 있지만, 평소에는 잘 보이지 않아요. 하지만 명상을 할 때면 그 존재가 도드라집니다. 한자리에 가만히 앉아 있느라 저릿한 다리 느낌, 너무 익숙해져 잊고 지내다 새삼스레 느껴진 어깨 통증, 어딘가의 가려움, 이마에 맺힌 땀이 피부를 타고 흐르는 느낌… 이 모두가 감각입니다.

그래서 처음 명상을 할 때는 친하게 지내기 어려울 수도 있어요. 명상을 할 때면 어딘가 아프고 불편한 감각이 제일 강하게 느껴지거든요.

감각이와 친하게 지낼 방법은 없냐고요? 생활하며 내 몸의 이런저런 느낌에 조금 더 관심을 가져보세요. 평소보다 더 다채로운 감각이 느껴지거든요. 거기서부터 감각이와의 시간이 시작된답니다.

이름	감각이
소개	균형 잡힌 독설가
필살기	언제 어디서나 중심 잡기 실제 세상과 나를 연결하기
특징	느릿느릿 움직여 관찰하기 편함 의사 표현이 솔직하고 직설적인 편 항상 나와 함께 있음 처음엔 좀 어려운데 알고 보면 진국

감각이를 좀 더 자세히 소개하기에 앞서 여러분이 감각이와 얼마나 친한지 판단하기 위해 간단한 테스트를 해볼게요. 앞으로 3분 동안 한번 해보세요.

- 소리를 들어보세요.
- 가장 가까이 놓인 사물을 5초 동안 바라보세요.
- 이제까지 몰랐던 한 가지 사실을 발견해보세요.
- 혀에서 어떤 맛이 지금 느껴지는지 느껴보세요.
- 앉아 있다면 의자에 닿아 있는 엉덩이의 느낌,
  서 있다면 땅을 누르는 발바닥의 느낌을 느껴보세요.
- 주변 냄새를 맡아보세요.

자, 어떠세요? 3분 동안 여러분이 만난 모든 것이 바로 감각입니다.

청각, 시각, 미각, 촉각, 후각. 이 모든 것이 감각이에요. 감각이라는 표현이 조금 생경하게 느껴질 수 있지만 실제로는 아주 익숙한 것들, 너무 익숙해서 잘 알아채지 못하는 것들이에요. 모든 생명체는 감각을 통해 세상을 경험하니까요.

명상은 95%가 감각적, 5%가 정신적 과정이에요. 명상으로 마음 운동을 할 때는 생각하는 일보다 감각을 느끼는 것이 훨씬 중요하다는 뜻이죠. 앞으로 명상을 하면서 "감각을 느끼세요"라는 말을 자주 듣게 될 텐데요. 들리는 소리도 감각이고, 눈을 감았을 때 눈 사이로 희미하게 들어오는 빛도 감각이죠. 차가움, 따뜻함, 축축함, 건조함, 진동하는 느낌, 가려움, 쿡쿡 찔림, 조여지거나 뚫리는 느낌 모두가 감각이에요. 대단하고 특별한 감각을 기대하기보다는 이런 일상의 감각을 놓치지 마세요.

일상의 감각은 멀리 있지 않아요. 어느 날 출근길에 습관적으로 휴대폰을 보며 걷다가요. 바닥에 뭔가가 밟히는 느낌이 드는 거예요. 길을 보니 수북히 쌓인 은행잎이 바닥에 이곳저곳 있습니다. '엥, 벌써?' 그제야 노란 은행잎을 보이고 계절이 이미 가을 끝에 왔다는 걸 알게 되는 거죠. 매일 출퇴근하며 지나다니는 버스 정류장에서 있는 은행나무인데도 말이에요. 바닥에 무언가가 밟힌 일상의 감각 덕분에 계절의 끝이라도 느껴서 다행이지만요.

감각은 머릿속 세상이 아니라 내가 두 발 붙이고 있는 실제 세상을 만날 수 있게 해줘요. 사실 일상에서는 감각이야말로 우리와 가장 서먹한 사이일지도 몰라요. 앞서 살펴본 생각, 그리고 뒤에서 알아볼 감정과 욕구보다요. 우리는 휴대폰 속, 생각 속을 헤엄치느라 몸과는 한참 떨어진 일상을 살아가니까요. 감각과 친해지며, 실제 세상에 한 걸음 더 가까이 다가가보면 어떨까요.

감각의 특징

항상 지금 여기에 있어요!

감각을 느낀다는 건 지금 여기로 돌아오는 일이에요. 내일의 가려움을 지금 미리 느낄 수는 없고, 어제 아팠던 것을 지금 느낄 수도 없으니까요. 감각을 느끼려면 지금 여기로 돌아오지 않을 수 없어요.

생각이 내가 바꿀 수 없는 과거와 미래에 자꾸 가려고 할 때 감각은 나를 현재로 데려오는 역할을 합니다. '마음이 편안해져야 해!'라는 생각으로 나에게 주문을 거는 것보다 주변에서 들리는 작은 소리 같은 감각에 잠시 집중하는 게 훨씬 더 효과적이에요. 처음 보는 내 방의 예쁜 구석, 안 들리던 창밖의 매미 소리, 숨이 들어왔다 빠져나가는 몸의 차분한 움직임. 감각이 열어주는 새로운 세상은 모두 지금 여기에 있습니다.

느릿느릿 움직이지만, 끊임없이 변화합니다

마음에 사는 강아지들 중 한자리에만 가만히 있는 친구는 없어요. 계속 뛰어다니고, 구르고, 움직입니다. 가려움도 가만히 두면 평생 거기에 있을 것 같은 느낌이 들어 당장 벅벅 긁어야 직성이 풀리지만요, 내버려두면 어느 시점에 알아서 사그라듭니다. 감각은 계속해서 변한다는 말이에요. 다만 감각은 생각보다 느릿느릿 움직이는 편이라서 놓치지 않고 관찰하기 편하답니다.

너무 많아서 한꺼번에 모두 느낄 수는 없어요

생각도 종류가 많지만요, 감각은 정말 다양해요. 만약 우리가 모든 감각을 같은 강도로 느끼게 된다면 어떨까요? 소리, 냄새, 빛… 온몸에서 느껴지는 복잡한 감각들에 압도되어 미쳐버릴 거예요. 일상생활이 어렵겠죠.

의식적으로 집중할 수 있는 감각은 한정되어 있어요. 마치 수십 마리 강아지를 한번에 산책시킬 수 없는 것처럼요. 한 번에 하나, 혹은 두 개 정도의 감각을 느낄 수 있죠.

명확한 친구예요

내면에 일어나는 감정이나 생각을 관찰하는 건 쉽지 않잖아요. 자, 우울을 관찰해보시죠. 어떤가요? 모습이 보이나요? 감정이나 생각은 감각보다 추상적이거나 모호해 주의를 빼앗기기도 쉽죠. 하지만 감각은 명료하고 확실해요.

명상가들이 입을 모아 하는 이야기 중 하나가 '감정과는 공존할 수 없어도 감각과는 같이 있기 수월하다'는 거예요. 분노 감정이 일어나면 몸에도 감각이 동시에 일어납니다. 가슴이 뻐근하고 뒷목이 뻣뻣해지고 얼굴이 화끈 달아오르죠. 분노는 관찰하기 어렵지만, 가슴이 뻐근하고 뒷목이 뻐근한 감각은 훨씬 명확해서 알아차리기 쉬워요.

이런 감각의 특징을 이용하여 불편한 감각을 피하지 않

고 느껴보는 명상도 할 수 있어요. 이런 마음 운동은 일상 생활에서 신체적, 정서적 고통을 대하는 태도에 긍정적인 변화를 불러온답니다.

나보다 더 솔직해요

내 몸의 감각은 나의 상태를 아주 솔직하게 표현합니다. 화가 났을 때, 마음이 조급할 때 호흡이 어떻게 변하나요? 빠르고 불규칙하며 거칠어지죠. 몸에는 열이 나고, 목이 뻣뻣해집니다. 스트레스 상태를 반영해요.

때로는 내면에 파도가 치는 줄 몰랐는데, 호흡이 먼저 거칠어지거나 숨을 참게 돼서, 혹은 목이나 명치 언저리에 묵직한 느낌이 들어서 '어? 내가 스트레스를 받고 있나?' 하고 깨달을 수도 있어요. 이렇게 감각은 의식과 무의식의 다리가 되어줍니다.

감각을 다루는 방법

잃어버린 호기심 찾기

살다 보면 아무것도 느끼지 못할 때가 종종 있지요. 그런 일상이 반복되면 명상이 지루하고, 점점 멀리하게 되더라고요.

저는 명상이 지루해질 때면 '이 인간, 상태가 어떤지 들여다봐야겠어!' 라고 단단히 마음먹은 의사 선생님을 상상해요. 그리고 그 선생님의 안경을 낀다고 생각합니다. 왠지 안경을 끼면 의사 선생님 시선이 장착될 것 같거든요. 돌팔이가 아니고서야 청진기를 대보지도 않고 대충 "이 사람은 이렇군" 하지 않잖아요. 오진이면 큰일날 테니 호기심을 가지고 조심스럽게 살펴볼 것이고요.

호기심이라는 건 내가 모른다는 것을 인정하는 게 절반, 더 알아가려는 태도가 절반입니다. 먼저 나는 내가 어떻게 숨쉬는지 모른다는 걸 인정하세요. 그 다음은 의사 선생님과 환자만큼의 거리를 두고 나를 바라봅니다. 그리고 객관적으로 살펴보는 거예요. '호흡이 약간 빠르고 불규칙하네. 날숨이 짧네. 들숨과 날숨은 코에 닿는 부위가 다르네. 날숨은 콧구멍 바로 뒤에서 잘 느껴지는군' 이렇게요.

다리 저림 같은 신체적 통증이나 불편한 감정을 관찰할 때도 의사 선생님 안경을 쓰세요. '아, 여기가 통증이 가장 강하고, 이곳은 좀 덜하고, 여기는 아예 느낌이 없네' '이 기억에는 혐오가 일어나고, 좋은 감정은 오래 붙들고 싶은 맘이 있군' 하고 객관적으로 관찰하세요.

멍상으로 이렇게 나를 진찰하며 호기심을 단련하면 일상에서도 이 힘을 충분히 써먹을 수 있어요. 어떻게 그러냐고요? 멍상은 조미료, 설탕, 소금 같은 강한 자극을 덜어내어 혀가 순수한 미각을 되찾게 하는 과정과 같아요.

있는 그대로를 느낄 줄 알게 돼요. 예를 들어볼게요. 저는 설거지를 싫어했어요. 그래서 설거지를 꼭 해야 하는 날이면 얼른 끝낼 궁리부터 했어요. 이후에 할 일을 계획하면서 후딱 해버렸죠. 설거지 시간에는 나 자신이 없었던 거예요.

그런데 의사 선생님 안경을 끼니까 설거지도 그날그날 다르게 보이더라고요. 호기심이 생겼으니까요. 먹은 게 다르고, 쓴 그릇이 다르고, 음식물 쓰레기와 기름의 양이 달랐어요. 설거지를 할 때도 좀 더 세심히 주의를 둬봤어요. 그릇의 촉감이나 거품이 손에 닿는 느낌도 꽤 재밌더라고요. 기름때가 잔뜩 낀 에어프라이어 통을 씻을 때면, 내가 하얀 의사 가운을 입고 수술을 집도한다는 상상으로 통이 뽀득뽀득해질 때까지 손의 감각에 집중하게 되었어요. '아직 저 끝에 있는 구멍이 조금 미끌거리네' 하면서요.

이렇게 설거지를 할 때는 그냥 설거지에만 집중하게 되었습니다. 이젠 밥 먹고 설거지하는 시간이 '내가 없는' 시간이 아닌 거죠. 여러분도 일상에서 감각을 한껏 활용해보세요.

안전지대 만들기

명상을 하다 보면 '얘랑은 도저히 함께 있을 수 없어!' 라는 소리가 절로 나오는 감각도 찾아올 거예요. 그 느낌에 몸서리치며 빨리 빠져나오고 싶어질 텐데요. 그럴 때를 대비해 내가 허락할 수 있고 믿을 수 있는 감각을 하나쯤 만들어두면 좋겠어요. 일종의 안전지대죠.

저의 경우, 소리가 안전지대 감각이에요. 소리를 들으면 마음이 차분해져요. 아무리 정신없이 바빠도, 주변 소리에 귀를 기울이면 마음에 바람길이 트이는 것 같달까요. 다루기 어려운 감각을 마주쳐 힘이 들 때는 언제든 잠시 나의 안전지대로 돌아가세요.

시간이 오래 걸리는 게 당연하다는 걸 알기

자신의 몸과 사이가 좋지 않은 분들은 감각을 느끼는 일이 굉장히 어려워요. 불편한 느낌, 고통스러운 느낌이 들 때 나는 그동안 어떻게 반응해왔는지 생각해보세요. 고통에 대한 인간의 보편적 극복 전략은 단절이에요. 임상적으로도, 일상생활에서도 확인할 수 있듯 우리는 고통을 '경험'하지 않으려 해요. 고통의 거칠고 불편한 느낌과 계속 닿아 있는 걸 원하지 않죠. 어떤 식으로든 고통의 감각을 느끼지 않으려고 다른 경험을 찾습니다.

많이 아팠고, 침해받았고, 트라우마의 경험이 많을수록 신체 감각에 단절된 경우가 많아요. 몸이라는 유기체가 아주 오랫동안 고통을 단절시켜왔으니 감각을 느끼는 데에도 무딜 수 있죠. 그러니 감각을 느끼는 것도 당연히 오래 걸립니다.

고통을 단절시켜왔던 자신의 습관을 이해해주세요. 그러면 우리는 지금보다 나 자신에게 좀 더 인내심을 지니고 마음 운동을 할 수 있을 거예요. 달팽이처럼 아주 조금씩, 천천히 감각을 깨워가면 됩니다.

너무 열심히 느끼려 하지 않기

'뭐지? 왜 잘 안 느껴지지? 다른 사람들은 어떻게 느낄까?' 애쓰면 애쓸수록 주의가 감각이 아닌 생각으로 빠지지기 쉽습니다. 너무 애쓰지 말고 힘을 빼세요.

감각은 대단한 게 아니에요. 지금 내가 느낄 수 있는 것만 느끼면 돼요. 코끝에 바람이 들어오는 느낌, 자동차들이 오가는 소리에 집중해보세요. 이런 감각을 느끼려고 머리를 쥐어뜯으며 애쓰고 있다면, 그런 나를 향해 빙그레 웃어주세요. 그저 음악을 듣는 정도의 노력이면 충분해요. 소파에 누워서 감각 라디오를 켜는 거예요. 어떤 음악이 펼쳐질지 몰라도 괜찮아요. 그냥 느껴지는 감각에 귀를 가만히 기울이세요. 지금도 내 몸에는 아름다운 음악이 연주되고 있거든요.

세 번째 마음 강아지, 감정
"동네 대장 감정이를 알아봐주세요"

'감정'이 뭔지 묻는 분들이 생각보다 많아요. 그러면 저는 이렇게 말씀드려요.

"감정, 정서, 마음, 기분. 이 말 중에서 자신에게 가장 잘 와닿는 표현을 찾아보세요. 바로 그거예요."

사실 "감정이 뭐예요?"라는 질문 자체에 감정의 특징인 모호함이 가장 잘 나타나 있어요. 감정은 생각으로도, 감각으로도, 욕구로도 나타나요. 이들을 모두 포괄하는 상태를 우리는 감정이라고 느끼거든요.

"감정이 뭐예요?"라는 질문이 나오는 또 다른 이유는 평소에 우리가 자신의 속마음을 잘 표현하지 않기 때문이에요. 솔직하게 마음을 드러내면 어린아이같이 구는 것 같고, 그 마음을 잘못된 태도나 부족한 성과에 대한 변명으로 사용하는 것 같을 때도 있거든요. 때로는 상대방을 감정 쓰레기통 삼는 것 같아 걱정되고요. 그러다 보니 속마음을 말하는 일은 무의미한 것처럼 보이기도 하죠.

이름 감정이

소개 권력욕 넘치는 동네 대장

필살기 여러 가지 얼굴로 나타나기

커다란 크기로 놀라게 하기

특징 나의 주인이 되려고 언제나 기회를 엿봄

둘만의 진지한 대화를 좋아함

'왜 왔니? 얼른 가!' 같은 푸대접을 받으면 더 오래 붙어 있음

공감과 친해지려고 함

게다가 감정을 말하는 건 은근히 터부시되잖아요. 가족에게는 그런 이야기를 하는 게 익숙하지 않은 데다 괜한 부담을 줄까 봐, 친구에게는 힘든 소리만 하면 피곤해할 테니까, 회사에서는 프로페셔널해야 하니까요. 감정을 나누지 못하니 이 모든 것이 나만 겪는 일인 듯 고립감을 느껴요. 표현하지 못한 감정이 적절하지 못한 방식으로 분출되어버리기도 하고요.

그런데 말이죠. 감정을 인정하고, 꺼내어 말하는 것이야말로 감정에 휩쓸리지 않는 방법이에요. 마음을 정확하게 말할 수 있다는 건 나와 감정을 분리해낼 수 있다는 거예요. 그리고 여기엔 용기와 지혜가 필요하죠. 그러니 감정을 말하고 싶은 자신의 마음을 '아이 같은 것'이라며 애써 무시하지 마세요.

감정의 특징

동네 대장 감정이

동네에 깃발 든 아이가 하나 나타나면 뒤에 줄줄이 또래 아이들이 따라다니잖아요. 감정은 동네 대장 같은 성격이어서 생각, 감각, 욕구를 줄줄이 데리고 다녀요.

우울하고 무기력한 감정이 들 때 머릿속을 들여다보면요. 나를 책망하고 비판하는 생각들이 따라오고 있어요. 감각은요? 몸은 땅으로 꺼질 듯 무겁습니다. 그리고 아무것도 하고 싶지 않은 기분, 안락함을 느끼고픈 욕구가 올라옵니다. 반대로 감정이 좋으면 몸에도 편안함, 가뿐함 같은 기분 좋은 감각들이 따라오고, 나를 깎아내리지 않는 유쾌한 생각들이 흐를 때가 많죠. 다른 마음 강아지들을 데리고 다니는 동네 대장 감정이의 특징을 조금 아시겠죠?

사람마다 감정 팔레트가 달라요

마음 상태를 물었을 때 어떤 사람은 "그냥 좋아요"라고 표현합니다. 또 어떤 이는 "제 마음은 차분하면서도 약간의 불안과 피로감이 함께 있어요"라고 말합니다. 한쪽은 간단하고 한쪽은 굉장히 섬세하죠. 이유가 뭘까요? 어떤 사람은 감정 팔레트에 흰색, 검은색만 있고, 또 어떤 사람은 58색 색연필처럼 굉장히 다양한 감정 색깔들을 지녀서 그렇습니다.

미술 시간에 사용하는 팔레트를 보면, 친구의 팔레트에는 파란색 계열 색이 많고, 나의 팔레트에는 붉은 계열의 색들이 많을 수 있잖아요? 그런 것처럼 사람마다 자주 느끼는 감정선이 달라요.

어떤 사람은 다른 이가 분노하거나 불쾌하다고 느낄 상황을 '슬프다'라고 느끼기도 하고요. 어떤 사람은 '불안하다'고 느끼기도 하거든요. 이렇게 각자의 감정 팔레트가 다르다는 걸 이해하는 건 인간관계에서도 도움이 됩니다. 나와 저 사람은 느끼는 방식이 서로 다를 뿐, 틀린 건 아니니까요.

우리가 느끼는 감정은 다채로워요. 기분이 좋은 편인데, 기운은 없고 좀 조급할 수도 있고요. 전반적인 에너지 레벨은 낮은데, 마음에 친절이나 감사가 있을 수도 있죠. 감정을 섬세하게 관찰하고, 그 마음을 표현할 수 있는 감정 단어들을 익혀두세요. 그저 '좋다' '나쁘다'로 납작하게 인지되었던 마음이 입체적으로 보일 거예요.

감정이 자꾸 주인이 되려고 해요

같은 보고서를 읽더라도, 지금 내 마음이 가볍고 편안하면 실제 내용보다 더 좋게 읽힙니다. 반대로 동료와 다퉈 실망스러운 마음으로 읽으면, 있을 내용이 다 있어도 엉성한 보고서로 느껴질 수 있죠.

감정을 알아차리지 못한 채 내리는 판단들은 사실 내가 아닌 감정이 내리는 판단일 수 있어요. 내가 내 마음의 주인인 줄 알았는데, 실은 내 마음이 나의 주인이 되어버리는 일은 흔합니다. 일상 속에서 감정이 나의 주인이 된 상태는 아닌지 중간중간 의식적으로 점검하세요. 감정이 앞서면 곤란한 날일 때는 더더욱이요. 중요한 미팅이 있는 날, 자꾸 몸과 마음이 따로 놀아서 실수할 것 같은 날일수록 감정이 나를 어디까지 끌고 가는지 알아차리기가 쉽지 않거든요.

날씨처럼 지나가요

앞서 살펴본 생각과 감각은 움직이는 모습을 이해하는 과정을 거쳤는데요. 감정은 그보다는 '지나간다'는 걸 받아들이는 이해의 과정이 필요합니다. 특히 슬럼프 같은 시기에는 결국 이 시기도 지나갈 거라는 게 잘 믿기지 않잖아요.

감정은 멀리서 바라보면 날씨와 같아요. 일종의 마음의 날씨인 거죠. '구름이 움직이긴 하나?' 싶지만, 다른 일을 하다가 다시 하늘을 쳐다보면 어느새 모양이 바뀌어 있고, 너무 멀리 가버려서 찾을 수 없기도 하잖아요. 아무리 장마가 길고 태풍까지 찾아왔어도, 이제는 비가 오지 않아요. 시작된 모든 날씨에는 끝이 있답니다. 다시 새롭게 시작되기 위해서요.

어떤 날은 내 마음에 아무런 감정이 없는 것 같죠. 하지만 사실 우리가 모르는 때에도 해가 떴다가, 비가 왔다가, 구름이 지나가는 것처럼 우리는 항상 감정과 함께해요. 사람이 날씨에 끊임없이 영향을 받듯이, 우리도 늘 감정의 영향을 받는다는 걸 기억하세요. 그러면 감정도 언젠가 '지나간다'는 것을 깨달으실 거예요.

감정의 카테고리

감정은 꺼내어 볼 수 없는 데다 두루뭉술해서 최대한 구체적으로, 객관화해 표현하는 게 좋습니다. 248쪽 '마음 단어 주머니'를 열어 내 감정이 현재 어떤 상태인지 찾아보세요. 주머니 안에는 우리의 마음 상태를 표현할 수 있는 다양한 감정 단어들이 들어 있답니다.

감정은 무궁무진해서 카테고리도 무한히 나눌 수 있어요. '마음 단어 주머니'에는 '기쁘다' '슬프다' '불쾌하다' '화난다' '두렵다' 라는 다섯 가지 분류 안에서 자세한 감정 표현들이 담겨 있어요.

단어로 찾기 어려울 때는 비유적인 표현으로 감정을 체크할 수 있어요. "오늘 마음의 넓이가 어떠세요?" "마음의 결이 어떠세요?" "마음의 무게가 어때요?" 이런 식으로요. 마음의 결은 '까칠한 마음'과 '보드라운 마음'으로 나눌 수 있겠고, 마음의 무게는 '무거운 마음'과 '가벼운 마음'을 떠올려볼 수 있겠죠. (『체계적 마음챙김을 통한 스트레스 관리』, 김정호, 2001 참고)

감정을 다루는 방법

마음을 꺼내 말하고 묻기

멍상만 배우면 되지, 왜 계속 마음 상태를 말하게 하냐는 질문을 받을 때가 있어요. 왈이의 마음단련장에서는 명상을 할 때 끊임없이 질문합니다. "지금은 마음이 어떠세요?" 이렇게요.

감정을 다루는 데 있어서 자신의 마음을 명확하게 표현하는 것과 타인의 마음 상태를 잘 듣는 것은 굉장히 중요한 기술입니다. 하지만 의외로 그 기술을 연습하고 익힐 수 있는 곳을 찾기가 힘들죠.

처음엔 다들 내 마음이 어떤지 얘기하는 걸 쑥스러워하세요. 그러다 보면 '나'를 주어로 내 마음을 이야기하는 게 아니라 그냥 괴로웠던 상황을 기술해버리거나, 타인의 입장을 말하게 돼요. 아니면 아예 남 욕을 하거나요. 그때 잠깐 말을 멈추고 다시 여쭤봐요. "그때 마음이 어떠셨어요?"

그럼 대부분은 잠시 멈칫합니다. 그렇게 욕을 했건만, 결국 "제 마음은… 사실 잘 모르겠어요"가 돌아오는 대답의 전부일 때도 있어요. 이것 자체가 자신의 마음을 잘 몰랐다는 신호이지요. 마음이 어땠는지 묻고 답하는 연습을 하다 보면 평소에도 자연스럽게 내 마음이 어떤지 점검할 수 있답니다.

주위의 안전한 사람에게 마음을 말해보세요. 용기를 내세요. 마음을 말하는 건 다른 사람에게도 말할 자유를 주는 일이에요. '아, 이렇게 마음을 말해도 괜찮구나'라는 메시지가 함께 전달되니까요. 그리고 누군가가 자신의 마음을 이야기한다면, 스스로의 연약함을 드러낸 그 사람의 용기를 인정해주세요.

마음이 어떤지 듣는 것도 연습이 필요해요. 친구가 "내가 생각해도 난 정말 너무 별로야. 요즘 상태가 바닥인 것 같아" 이렇게 말하면 "아니야, 너 정말 괜찮은 사람이야"라고 곧장 말해버리고 싶어지죠. 조언도 습관이에요. 그 사람이 말하는 것을 그냥 듣는 법을 익히는 연습이 필요해요. 그 사람을 바꾸려 하지 않고 그대로 듣는 건 의외로 어렵거든요.

그냥 이렇게 해보세요. 이야기를 따라가다 공감이 가지 않으면 물어보는 거예요. "왜 그런 생각이 들었어? 어떤 일이 있었어?" 힘들어하는 친구에게 내가 해답을 줘야 한다는 생각을 툭 내려놓으면 그 사람 이야기에 훨씬 집중할 수 있어요. 보통은 곁에 있어주는 것으로 충분하거든요.

누군가의 말을 있는 그대로 들어주는 사람들 속에서 각자가 마음속 이야기를 꺼내어 말하는 순간은 신기해요. 사람들이 각자의 비눗방울 속에 갇혀 있다가 모두가 하나의 방울로 합쳐지는 기분이랄까요. 이 방울 안에서 우리의 마음은 한결 가벼워져요. 방울을 타고 다 같이 둥둥 날아다녀보아요.

밀어내거나 도망가지 말고 함께 있기

저는 감정이 쏟아지는 밤이면 넷플릭스를 보는 습관이 있었어요. 수업이 끝나면 오늘 수업에 대한 회의감이 밀려왔고, 동료의 무거운 이야기가 가슴에 남았고, 내일 해야 할 일들이 오늘이 다 가기도 전에 부담으로 다가왔었죠. 이 먹먹한 느낌들과 같이 있기 싫어서 무의식적으로 더 강한 감각을 찾아 나섰던 거예요.

영상의 즐거움이 시야를 완전히 장악했고 마음이 보내는 신호는 무시됐죠. 솔직히 말하면 제가 무시하고 싶었어요. 감정을 마주하는 건 괴로운 일이고, 눈감는 편이 더 편하니까요.

하지만 감정은 내가 가란다고 가지 않고요. 밀어낸다고 밀리지 않아요. 무시한 감정은 어떤 식으로든 다시 등장할 기회를 기다리죠. 나를 대신해 이런저런 감정적인 선택을 내리면서요.

감정은 날씨랍니다. 조금씩 지나가고 있어요. 피하지 말고 함께하세요. 손님으로 대하세요. 감정을 관찰하려는 노력이 더 많은 생각을 데리고 올 것 같아 두렵다고요? 그럴 때는 내 몸의 감각에 주의를 기울이세요. 그러면 생각은 어느새 지나갈 거예요.

'왜 이런 감정이 들지?'라는 질문에 갇히지 말기

가을이 오는 일에, 비가 오는 데에 이유가 있나요? 과학적 원리는 있지만, 그 이유는 알 수 없어요. 이처럼 '왜 나는 이렇게 느끼지? 왜? 대체 왜?'라는 질문은 공연히 감정을 오래 붙들게 합니다.

그저 몸 상태가 나빠서, 혹은 주변 환경의 영향으로 마음 온도가 영하로 내려갈 수도 있잖아요. 자꾸 수치심이나 자책감에 갇히는 데에도 명확한 이유가 있지 않을 때가 많아요. 습관적인 감정이라는 게 있으니까요. 어떤 명확한 이유가 있어야 한다며 지나갈 감정을 내 손으로 붙잡지 마세요.

감정으로 힘든 상황에서는 이런 질문을 해보세요. '지금 내가 뭘 중요하게 생각하지?' 속을 뒤집어놓은 일이 있다면, 그 안에는 내가 소중하게 생각하는 가치가 있다는 뜻이니까요.

감정에 압도될 때는 자연으로 돌아가기

사람은 자연의 일부이지만, 그 사실을 잊어버리기 일쑤인 존재죠. 산이나 숲에 가면 성실히 일하며 계절을 만드는 자연을 느낄 수 있어요. 사람은 그 속의 아주 작은 존재이고요. 우리는 그제야 머리통을 붙들고 "대체 왜 이걸 잊고 있었니, 이 멍충아!"라고 소리치지요. 자책이라기보다는, 자연을 잊은 아쉬움에 대한 투정이랄까요.

명상을 하며 '이것도 지나간다'를 되새기는 것만으로는 마음을 다잡기 어려울 때도 있어요. 정말 힘들 때는 일단 자연 속에 파묻혀보세요. 언제든 자연에게 말을 걸면, 자연이 온몸으로 "이것도 지나갈 거야"라고 친절히 답해주거든요. 때로는 내가 스스로에게 하는 말보다 자연이 건네는 말이 강력하게 다가올 거예요.

네 번째 마음 강아지, 욕구
"욕구는 다양한 모습으로 나타나요"

욕구는 사람으로서 생존에 필요한 것, 말하자면 '원하는 것'이에요. 본능과도 이어지죠. 예컨대 깨끗한 공기를 들이마시고픈 욕구, 화장실에 가고 싶은 욕구도 있고요. 스킨십, 따뜻한 지지와 격려를 받고픈 욕구, 소속감을 갖고 싶은 욕구도 있겠죠.

더 나아가서는 자기완성을 넘어 타인과 세계에 기여하고픈 초월 욕구, 진실을 탐구하고자 하는 욕구, 아름다움에 대한 욕구도 있어요. 인간이 인간답게 살아가기 위해 바라고 필요로 하는 것들이 굉장히 많습니다. 그만큼 우리 마음의 욕구 강아지는 다양한 모습을 하고 있겠지요.

지금 내 마음에 사는 욕구 강아지가 어떤 모습인지 표현할 수 있도록, 필요한 단어들을 준비했습니다. 248쪽 '마음 단어 주머니'에서 욕구를 표현하는 단어들을 미리 살펴보세요. 그런 다음 욕구 강아지를 본격적으로 탐구해 보아도 좋아요.

이름	욕구
소개	에너자이저
필살기	참다 참다 야식 시켜 먹게 하기 무의식적인 습관 만들기
특징	훅 치고 빠짐 반복적인 패턴이 있음 사람들이 무언가에 몰두하는 에너지가 되기도 함

욕구는 행동의 동기, 일상의 동력이 됩니다. 맵고 자극적인 마라탕이 먹고 싶다는 욕구가 일어나면, 우리는 재빠르게 배달앱을 뒤적여 별점 4.8 이상인 마라탕 가게를 찾아내고야 말잖아요. 욕구가 충족되면 유쾌한 감정이, 욕구가 좌절되면 불쾌한 감정이 생겨나요. 생각과 감정, 감각에 두루 영향을 끼치기 때문에 욕구는 우리 마음에서 빼놓을 수 없는 녀석입니다.

마치 몸에 거대한 낚싯바늘이 걸린 듯, 욕구가 나를 강하게 잡아당길 때도 있어요. 이럴 때 5~10분 정도는 참고 욕구를 지켜보세요. 바로 행동을 해버리고 싶지만, 파도가 정점을 찍으면 뚝 떨어지듯 욕구도 일시에 잠잠해집니다. 이 욕구가 내 욕구가 맞나? 조금이라도 의심이 든다면, 잠시 쉬어가세요.

욕구를 다루는 방법

내 안의 간달프를 찾자

내가 원하지 않는 방향으로 나를 이끄는 욕구들도 있어요. 자정이 다 된 시간에 불닭볶음면을 먹고 싶다는 욕구, 열네 시간을 내리 일하고도 좀 더 일하고픈 욕구일 수도 있죠. 오늘은 하나도 움직이고 싶지 않다는 욕구가 일어날 수도 있고요. 그럴 때는 잠시 멈춰 섭니다. 그리고 내 안에 현자를 하나 만든다고 상상해보는 거예요.

저는 영화 〈반지의 제왕〉에 나오는 현자 마법사인 간달프를 좋아해서, 성격도 착장도 간달프인데 생긴 것만 저와 똑같은 간달프를 떠올리곤 합니다. 그는 제 안에서 쾌락을 추구하는 원숭이와 다르게 큰 그림을 봅니다. 장기적으로 계획을 세우고, 나에게 정말 필요한 것을 알려주죠. 정말 나의 행복과 성장을 바라는 간달프라면 어떤 욕구에 대해서는 'Yes'를, 어떤 욕구에 대해서는 'No'를 외치겠죠.

우리는 무의식적으로 했던 행동을 반복하잖아요. 습관은 반복되는 행동 패턴이고요. 지금까지 욕구가 일어날 때 했던 행동들도 어느새 습관이 되어버렸을 거예요. 욕구로 인한 습관적인 행동을 할 때, 지혜로운 간달프는 나에게 이렇게 묻습니다.

"넌 지금 무엇을 가장 중요하게 생각하는가?"
"이게 정~말 너에게 기쁨을 주는 일인가?"
"이게 네 삶의 만족감을 정~말 높여주는가?"

운동을 할 때요, 막연히 '운동해야지!'라고 다짐하는 것과 '운동하는 건강한 생활은 내게 힘을 주고, 가족과 함께할 수 있는 시간을 확보해주니까'라고 내게 가장 중요한 가치를 파악하며 다짐하는 것 중 어떤 게 더 효과적일까요? 당연히 후자죠. 이렇게 가치를 떠올리며 욕구에 우선순위를 매기는 일은 나를 내 안의 간달프와 연결해준답니다.

욕구야, 잠시 쉬어!

이것도 저것도 너무 어렵다 싶을 때 가장 손쉽게 욕구를 멈추는 방법은 감각에 기대는 거랍니다. 앞에서 살펴본 생각을 다루는 방법과 비슷하지요? 욕구가 정신없이 날뛸 때는 몸에 또렷하게 느껴지는 감각을 찾아보세요. 잠시 소리를 들어도 좋고요. 숨쉬는 걸 느껴봐도 좋아요. 욕구는 잠시 쉬어갈 거예요.

마음 강아지들을 훈련하자

강아지와 함께 살며 깨달은 것들이 있어요. 그중 하나가 태어난 지 3개월 된 강아지에게는 100번, 200번의 반복적인 교육이 필요하다는 사실이에요. "다 짖었어? 다시 시작하자" "여기에 쉬 하면 안 될까? 오늘은 못하겠어? 괜찮아. 다시 해보자."

이 과정의 반복, 반복, 반복입니다. 짖는 건 아직도 매일 다시 시작하는 중입니다만, 200번 정도 반복하니까 성공하지 못할 것만 같던 눈물의 배변 훈련도 끝이 보이더군요. 강아지 훈련 영상도 많지만요, 전문 훈련사께 직접 배우니 다르긴 다르더라고요. 뭐가 달랐냐면 방법이 아니라 '태도'를 보고 배울 수 있다는 점이 좋았어요.

앞으로 우리가 할 명상 마음 운동도 지금까지 살펴본 생각, 감정, 감각, 욕구 강아지들을 훈련하고 그들과 함께 살아가는 방법을 연습하는 과정이에요. 이 마음 강아지들을 훈련할 때 꼭 필요한 세 가지 태도를 소개하려고 합니다.

1. 단호함

감정을 섞지 않은 단호함이 필요해요. "이래도 좋고 저래도 좋아, 아무렇게나 해"처럼 방치하는 태도나 "무조건 내 말을 따라라!" 하는 강압적인 태도가 아니에요. 제가 훈련사에게 들었던 말 중 가장 인상 깊었던 것은 "화내지 마세요. 웃지도 마세요. 단호해지세요"라는 말이었어요. 우린 앞으로 마음 강아지들에게 가장 좋은 코치가 될 거예요. 그러기 위해선 '이 방향으로 가자'라고 단호하게 말할 수 있는 뱃심이 필요해요.

2. 다정함

마음 강아지들은 원하는 대로 훈련이 되지 않을 거예요. 훈련은 계속 실패할 거예요. 하지만 중요한 건 실패하지 않는 게 아니라 '실패에 어떻게 대처하는가'입니다. "실패할 수 있어, 다시 시작하자"라고 말해줄 수 있는 다정함이 필요해요. 다정함은 우리가 실패에 얽매이지 않게 도와줘요. 잘 해냈다가도, 자꾸만 고꾸라지는 훈련 여정을 따뜻하게 지켜봐주세요.

3. 인내심

훈련이 오래 걸릴 수 있다는 것을 유념하고, 계속해서 다시 시작하는 끈기와 인내심이 필요해요. 마음 강아지 훈련은 결코 쉽지 않습니다! 강아지마다 성격도 효과적인 훈련법도 조금씩 다르잖아요. 완벽한 어떤 상태에 도달하기를 기다리지 말고, 각 과정에서 충분히 잘한 지점들을 찾아보세요. 그러면 억지로 짜내지 않아도 인내심이 생길 거예요. 내가 잘한 것은 아직 발견되지 않았을 뿐, 사실 지금도 잘하고 있으니까요.

내 마음이 움직이는 방식

눈을 뜨고 일상생활을 할 때는 눈을 감고 있을 때보다 훨씬 더 많은 정보가 들어오잖아요. 주변에 오고 가는 대화도 신경 쓰이고, 사람 표정도 보이고, 휴대폰도 나를 유혹하고요. 내 마음에서 일어나는 일을 오롯하게 바라보기 어렵죠.

그래서 눈을 감고 명상하는 거예요. 눈을 감으면 내 마음에 뛰노는 강아지들이 보여요. 이 친구들이 움직이는 방식과 벌여놓은 난장판도 보이고요.

자, 지금까지 내 마음에 사는 강아지들을 만나봤는데요. 이제 이 강아지들이 마음을 움직이는 방식을 살펴볼게요.

내 마음은 매 순간 움직인다

생각, 감정, 욕구, 감각. 마음 강아지 모두가 이리저리 뛰어다녀요. 때로는 뭉쳐 다니고, 때로는 한 마리가 나의 시야를 아예 가리기도 하고요. 이렇게 마음 강아지들은 계속 움직입니다.

마음이 지금 이 상태로 영원히 지속될 것만 같을 때, 그래도 이 모두가 '지나간다'는 걸 기억하는 게 중요해요. 그래서 왈이의 마음단련장에서는 명상 마지막에 "아닛짜" 라고 인사합니다. 이 말은 인도어파에 속한 팔리어로 '이것 또한 변한다This is also changing' 즉, '무상함impermanence'을 뜻해요.

자연이 변화를 맞이하는 모습을 보세요. 모든 게 변한다는 진실을 온몸으로 받아들이잖아요. 나무들은 추운 계절이 오는 것을 예감하면, 자기에게 가장 중요하지 않은 잎부터 미련 없이 떨어뜨리기 시작해요. 이 모습이 '추우면 옷을 입어야지!' 이렇게 철저히 인간의 시선으로 보이다가도, '역시 힘들 때일수록 본질에 집중해야 하는구나' 하는 깨달음이 옵니다. 나무는 잎이 떨어졌다고 서운해하지 않아요. 겨울을 나면 날이 포근해지고 그때가 되면 또 새 잎이 자라니까요.

지붕 없이 탁 트인 자연에서 내가 하던 고민을 다시 바라보세요. 곧 변할 것을 뭐 하러 일일이 붙들고 늘어진 건지 의문이 생길 거예요. 나는 그저 거대한 자연의 아주 작은 조각에 불과하다는 생각이 저절로 들거든요. 이러면 생각의 무게가 한결 가벼워지죠. 좋은 것에 집착할 필요도, 싫은 것에 혐오를 일으킬 필요도 없이 그냥 좋을 때 좋으면 그만인걸요. 힘든 시간이 오면 나에게 가장 중요한 것만 남기고 툭툭 털어내요. 곧 봄날이 올 거라는 걸 느끼면서요.

자율주행 모드와 수동 모드

우리 마음에는 자율주행 모드와 수동 모드가 있어요. 스트레스를 받아 정신을 놓고 엄청난 양의 아이스크림을 퍼먹을 때를 떠올려보세요. 이건 자동차로 치면, 자율주행 모드를 켜고 있는 것과 비슷해요. 내가 뭘 하고 있는지에 대한 의식 없이 행동하는 거예요.

'눈 감고 명상해야지!' 하고 내 마음을 바라보다가도, 갑자기 훅 꺼져버릴 때가 있으실 거예요. 이건 마음에 자율주행 모드 스위치가 켜져서 그래요. 자율주행 모드에서는 마음 운동을 할 수 없어요. 마음은 항상 보이는 게 아니잖아요. 주의를 기울여야 볼 수 있죠.

그러니까 명상을 할 때는 내가 뭘 하는지 알 수 있는 '수동 모드'를 켜야 해요. 명상 자체가 마음을 있는 그대로 바라보는 마음 운동이니까요. 내가 어디에 주의를 두고 있는지 알 수 없다면, 내 마음이 나를 제멋대로 끌고 다니게 내버려두는 셈이죠. 자율주행 모드가 켜졌다고 나를 책망할 필요는 없어요. 내 마음을 항상 볼 수 있는 건 아니라는 걸 다시 한번 명심하세요.

'의식적인 주의'는 한정적이에요

'주의(注意)'의 뜻을 사전에서 찾으면 '어떤 한 곳이나 일에 관심을 집중하여 기울임'이라고 나와요. 명상은 바로

이 주의를 훈련하는 마음 운동이기도 해요.

'주의'는 쉽게 말하면 나의 시선이 향하는 곳, 나라는 카메라의 '초점'이라고 말할 수 있어요. 주의는 크게 '무의식적인 주의'와 '의식적인 주의'로 나눌 수 있어요.

휴대폰 카메라를 켜고 가만히 놔둬보세요. 자동으로 초점을 맞춥니다. 이건 무의식적인 주의지요. 사람도 비슷해요. 가만히 놔두면 뇌가 알아서 주의를 설정합니다. 어딘가에 그냥 가만히 앉아 있을 때를 떠올려보세요. 뭘 봐야 할지 시선이 떠돌다가 주의를 둘 만한 곳이 영 없다 싶으면 시선이 다른 곳으로 옮겨지죠. 노력하지 않아도 자동으로 일어나는 과정이에요. 무의식적인 주의죠. 앞서 살펴본 자율주행 모드의 주의라고 생각하셔도 됩니다.

반면, 의식적인 주의는요. 휴대폰 액정을 터치하면 그 부분에 카메라 초점이 맞춰지는 것처럼 내가 의도한 주의예요. "자, 229쪽을 읽자" 하고 첫 문장을 읽는다고 해볼까요. 나는 지금 내가 229쪽의 첫 문장을 읽고 있다고 인식하고 있지요. 이게 바로 '의식적인 주의'랍니다.

명상은 의식적인 주의를 이리저리 두는 마음 운동이에요. 내가 주의를 원하는 곳에 옮기는 것은 마치 20kg짜리 바벨을 '끙차-끙차-' 올리고 내리는 운동을 하는 과정과 닮았어요. 내가 어디에 주의를 기울이는지 알고, 그것을 옮기는 데에는 에너지가 들거든요.

의식적인 주의는 한정되어 있어요. 다시 말해 우리는 모든 것에 주의를 기울일 수 없다는 뜻입니다. 강아지도 동시에 한두 마리만 산책시킬 수 있잖아요. 주의도 생각, 감각, 감정, 욕구 모든 곳에 있을 수는 없답니다. 재미삼아 한번 해볼까요. 지금 들리는 소리, 엉덩이의 감각, 숨의 느낌, 몸 전체 피부에 오는 자극, 내가 무슨 생각을 하는지 인식하는 동시에 현재 내가 어떤 감정과 욕구를 지녔는지 알 수 있나요? 역시 어렵습니다.

주의는 카메라와 닮은 점이 하나 더 있어요. 사진에는 전경, 중경, 원경이 있는데요, 전경은 맨 앞의 피사체, 중경은 중간에 있는 것, 원경은 맨 뒤에 잔잔히 깔린 배경을 뜻해요. 좋은 사진은 전경, 중경, 원경을 잘 활용한 것이래요. 주의도 마찬가지예요. 앞에 있는 것은 선명하고 뒤에 물러선 것은 잘 보이지 않아요. 정말 사진과 닮았죠. 예를 조금 더 들어볼게요.

곧 무대 위에서 연설을 해야 하는데, 너무 긴장되고 배가 아파요. 과민성 대장증후군이 있어서요. 올라가기 직전까지도 주의는 온통 배의 통증에 쏠려 있습니다. 그런데 무대에 올라 막상 입을 떼니, 준비한 연설에 신경 쓰느라 통증이 잘 느껴지지 않아요.

자, 이건 몸의 감각이 원경으로 물러선 거예요. 사라진 게 아니라 우리가 거기에 주의를 두지 않으니 뒤로 물러선 거죠. 마찬가지로 명상을 하다가 생각에 정신이 팔릴 때가 있잖아요. 그건 생각이 전경에 놓이고 호흡이 배경으로 물러선 것이랍니다.

주의가 100이라면 우리 마음의 감각, 생각, 감정, 욕구가 100을 나눠 가져요. 모두가 다 100일 수는 없지요. 내가 어디에 얼마나 주의를 두느냐에 따라서 무언가는 앞으로 나오고, 다른 요소들은 뒤로 물러섭니다.

주의는 자유롭게 옮길 수 있다

어떤 마음 강아지에게 밥을 줄지는 내가 선택할 수 있어요. '난 진짜 최악이야' '그래도 오늘 최선을 다했어'라는 두 마리 생각 강아지가 있다면, 누구에게 밥을 줄지는 나의 선택인 거죠. 앞에서 살펴봤듯이 의식적인 주의는 한정되어 있어요. 그러니 내가 어디에 주의를 기울일지는 신중하게 결정해야 해요.

사실, 초점을 어디에 두냐에 따라서 많은 게 달라진다는 걸 우리는 이미 잘 알고 있습니다. 컵에 물이 반쯤 찬 걸 보고 누군가는 "물이 반이나 차 있네!" 하고 다른 이는 "물이 반밖에 없네!" 하잖아요. 이것도 주의를 컵 안의 물에 두는지, 빈 공간에 두는지에 따라 반응이 다른 거예요.

일상을 살아가는 데에는 적당한 줌인, 줌아웃의 기술이 필요해요. 내 주의가 어디를 향하는지 인식하면 어떤 마음의 기술이 필요한지도 쏙쏙 보일 거예요. 만약 내가 지금 일, 연애, 가족… 일상 속 어떤 특정한 문제 하나에 코를 박고 있는 상황이라면, 줌아웃 기술로 나를 조금 멀리서 바라봐야 하겠지요. 자연의 일부인 나, 넓은 관계 속의 나, 삶이라는 타임라인 속의 나.

줌아웃만 유용한가요. 나뭇잎이 조금씩 물드는 계절, 예쁜 그라데이션이 생긴 작은 잎사귀를 보기 위해서는 줌인 기술이 필요하답니다. 자세히 들여다보고 즐기기도 해야지요.

왈이가 보내는 편지

멍상은 경험을 담는 그릇

트라우마, 심한 감정 굴곡을 겪은 경험은 마음속 깊은 곳에 걱정을 심습니다. 내가 언제든 다시 바닥으로 떨어질 수 있다는 걱정이죠. 그 걱정은 일상 속에 불안으로 도사립니다. 계속 조마조마한 거예요. 경험해봐서 나에게 벌어지는 일을 제어할 수 없다는 건 인정하겠는데, 다시 일어나면 내가 내 감정을 잘 감당할 수 있겠다는 확신이 없거든요. 내게는 힘이 없다는 생각이 들고, 그저 무력해집니다. 그냥 나쁜 일이 나에게 생기지 않기를, 좋은 일이 계속 이어지기를 기도할 뿐이죠.

하지만 백날 기도해도 좋은 날이 있으면 안 좋은 날이 있잖아요. 저는 힘든 시기가 오고 나쁜 일이 일어나면 쏟아지는 세찬 물줄기를 온몸으로 받아내는 느낌이 들었어요.

이 일의 영향 최대치가 100이라면 저는 문제를 100으로 받아들였던 거예요. 비판적인 자기 대화를 하며 내가 나를 피해자로 만들었고, 스스로를 고립시켰어요. 굳이 매달릴 필요없는 타인의 부당한 관점, 말 한 마디 한 마디를 일일이 마음에 담아두는 일도 비일비재했어요.

멍상만으로 어떤 상황을 바꿀 수는 없어요. 멍상은 마법이 아니니까요. 방석 위에서 호흡에 집중한다고 사람들이 상처가 되는 말들을 하지 않는 게 아니고요. 소심한 내가 상사의 부당한 말을 "반사!" 하며 웃으며 받아칠 수 있는 것도 아니고요. 퇴사 후에 내가 하고픈 일이 무엇인지 갑자기 깨달음이 오는 것도 아니고요. 전 연인에 대한 미련을 싹 비워주거나 생각을 정리해주는 것도 아니에요. 그러면 잠이라도 좀 재워줬으면 좋겠는데요. 멍상이 나를 재워주는 것도 아니죠. 멍상만으로 경험 자체를 바꾸는 건 어려워요.

하지만 멍상은 경험을 담는 그릇이 되어줍니다. 아무리 나쁜 경험이라도, 멍상을 하면 그 경험에 대한 내 생각, 감정, 욕구를 다룰 수 있게 됩니다. 이 사실은 제게 '이제 물줄기를 온몸으로 맞지 않아도 된다'를 뜻했어요.

이제는 화가 나고 극단적인 생각이 들어도, 그것에 완전히 압도당하지는 않아요. 그 감정과 생각들을 명상이라는 그릇에 담아 관찰하면 된다는 걸 알거든요. 저를 괴롭혔던 불안도 줄었어요. 경험에 맞서 내가 할 수 있는 일이 생겼으니 무기력해지지도 않았고요.

가끔 정말 힘든 일이 찾아오면 '나는 지금 마음 단련 대회에 나갔다'고 생각하기도 해요. 마라톤이나 수영은 일부러 돈을 주고 대회에 참가하잖아요. 이제껏 단련해온 마음 근육을 드러낼 최고의 기회는 이렇듯 지독히 힘들 때거든요. 전과는 다르게 대처할 수 있는 절호의 기회죠. 그리고 그 근육으로 잘 대처했을 때, 저는 동네방네 자랑하고 다녀요. 이렇게요.

"있지! 나 이번에 걔가 자기를 피해자라고 쓴 글을 읽고도, 30분 이상 곱씹지 않았잖아. 나를 위해서! 이거 최소 대회 우승감 아니야?"

COURSE 3

마음을 병들게 하는
습관 다섯 가지

나도 모르게 반복하는
마음 습관이 있나요?
이 습관들이 내 마음을 약하게
만들었을지도 몰라요.

마음을 약하게 만든 습관 찾기

저는 흔히들 말하는 거북목, 일자 허리예요. 슬프지만 몸뚱이를 잘못 사용한 오랜 역사의 결과겠죠. 솔직히 제가 생각해도 일할 때 자세가 정말 형편없었거든요. 고개는 숙이고, 다리는 꼬고, 오랜 시간 구부정하게 앉아 있었죠. 아픈 몸을 만드는 흔하고 나쁜 습관입니다.

마음도 몸과 같아서 누구나 가진 몇 가지 나쁜 습관이 있어요. 나쁜 습관이 빚어낸 사람들의 마음 문제도 조금씩 닮았고요. 예를 들면 자꾸 과거와 미래를 오가느라 현재를 놓치고 있기도 하고요. 마음에서 도망가려고 더 자극적인 음식, 술, 콘텐츠를 찾아다니느라 몸이 고생하기도 해요. '옳다! 그르다!'에 매여 판단하는 습관 때문에 사람과의 관계를 망치기도 하죠.

이제부터 마음을 아프게 하는 나쁜 습관을 소개하고, 그 습관을 명상을 통해 어떻게 개선할 수 있는지 알려드릴게요.

습관을 파악하기 전에 이 말씀은 꼭 드리고 싶어요. 우리는 혼자가 아닙니다. 왈이의 마음단련장에서 가장 많이 듣는 말이 "나 혼자가 아니라는 걸 알았어요!"입니다. 저도 마음단련장에서 다른 이들과 함께 마음 운동을 하고 나서야 우리 모두가 각자의 마음을 아프게 내버려뒀다는 것을 깨닫게 되었어요. 다른 이들도 그런 아픔을 가지고 있다는 사실을 깨닫는 것 자체가 치유의 과정이기도 했어요. '나는 혼자가 아니구나' 하고요. 네, 정말로 우린 혼자가 아니에요.

첫 번째 습관

"나약하게 굴지 마! 유난 떨지 말라고"

증상

- 자신에게 "나약하게 굴지 마. 유난 떨지 말라고"라고 얘기할 때가 많다.
- 남들에게 절대 마음을 꺼내 이야기하지 않는다.
- 피하고 싶은 감정이 일어나면 자극적인 감각이 가득한 도피처를 찾는다.

ex. 술에 의존하기, 밤새 유튜브 보기, 중독적으로 운동하기, 맛있는 음식 찾는 데 집착하기

진단

내 마음을 무시하는 습관입니다. 마음속 생각, 감정, 감각, 욕구를 명확하게 보는 연습이 필요해요.

처방 : 마음 제대로 보기

수학 문제를 풀 때 일단 문제가 무엇인지 자세히 파악하는 게 우선이잖아요. 마음 문제를 풀 때도 일단 마음을 제대로 봐야 해요. 마음에 어떤 감정이 있는지 알아차리세요. '나는 지금 울적하고, 수치심을 느끼는구나' 하고 인정하는 거예요. 이 느낌이 썩 유쾌하지 않아서 도망가고 싶다면, 그렇게 도망쳐서 일단 편안해지고픈 나의 욕구를 알아차릴 수 있죠. 잘못된 건 없어요. 마음에 스쳐지나가

는 모든 것들을 가만히 바라보는 거예요. 마음을 무시하는 습관이 있다면, 명상을 통해 마음을 그대로 바라보는 연습을 해보세요.

이 연습에서 또 하나 중요한 건 판단을 보태지 않고 마음을 있는 그대로 관찰하는 거예요. 바로 두 번째 나쁜 습관으로 넘어갈게요. 다음 습관에서 판단을 보태지 않는 방법을 좀 더 자세히 알 수 있거든요.

두 번째 습관

"저건 좀 아니지 않아? 저것도 좀…"

증상

- 판단에 판단을 계속 이어간다.

ex. "저 사람 마스크도 안 끼고 진짜 짜증나. 아, 나는 왜 이런 걸로 짜증을 내지? 아, 이렇게까지 나를 내몰아야 되나? 내가 진짜 싫다!"

- 옳고 그름에 자꾸 얽매인다.
- 자책을 많이 한다.

진단

상황을 있는 그대로 보지 못하는 습관입니다. 마주한 상황에 대한 평가를 멈추고, 판단을 보태지 않는 마음 운동이 필요합니다.

처방 : 판단하지 않고 관찰하기

"선생님, 언제부턴가 제 입장을 선생님에게 납득시켜야 한다는 기분이 들어요." 심리 상담을 받다 이런 고백을 한 적이 있어요. 상담 중 질문을 받을 때면 선생님이 원하는 '정답'을 너무 잘 알아서, 솔직하지 못한 대답을 하기도 했거든요.

전문가가 제게 도움이 되는 사고방식이나 행동을 이미 알고 있다는 생각이 들었고, 그래서인지 어떤 문제가 있는 제 입장을 구구절절 설명하고 납득시켜야 한다는 느낌을 받았어요. 하지만 아무리 설명하려 해도, 한 사람의 삶에는 말로 다 설명하기 어려운 다양한 맥락이 있잖아요. 선생님을 통해 올바른 방식의 사고나 행동을 아는 게 물론 도움이 됐지만, 어떨 때는 "긍정적으로 생각해!"라는 말처럼 공허하게 느껴졌어요. 올바르고 건강한 답은 저도 이미 알고 있으니까요. 그런데 어떡해요. 답을 알아도 거기까지 못 가겠는걸요.

태생적 네거티브 퀸인 저에게 명상으로 '관찰'의 기술을 익힌 것은 새로운 돌파구였어요. 관찰에는 긍정이 필요 없거든요. 옳고 그름도 없고요. 그냥 보기만 하면 돼요.

예를 들어볼까요. 같이 일하는 동료가 계속 내가 원하지도 않는 조언을 해요. 내 이야기를 잘 들어보지도 않고 말이죠. 화가 납니다. 마침 저녁에 친구들이랑 약속이 있는데, 그들에게 동료 욕을 쏟아내고픈 열망이 타올라요. 이제부터 마음을 관찰하는 거예요.

동료 욕을 하고 싶은 내 마음을 가만히 바라봅니다. 친구들을 만나면 욕을 하더라도 내가 욕을 하고 있다는 걸 인식하고 욕을 합니다. 그리고 이렇게 욕을 하는 게 나에게도 이 친구들에게도 별로 도움이 안 되는 일이라는 자책과 판단이 일어나는 과정도 지켜봐요.

긍정도, 부정도 없이 그냥 봅니다. 어떤 판단도 하지 마세요. 그러면 어쩐지 전보다 마음이 괴롭지 않습니다. 왜 그럴까요? 관찰할 때는 경험이나 감정과 거리가 생기잖아요. 그 거리가 생긴 덕분에, 경험은 더이상 저를 완전히 압도할 수 없는 것이죠.

우리 마음의 기본 모드에는 판단이라는 기능이 켜져 있어요. 판단을 해야 살기 편하니까요. 그런데 이 판단에 점점 갇히게 됩니다. '저 사람은 이럴 거야. 내가 이렇게 하면 저렇게 보일 거야' 판단하는 내 모습이 어느 순간 너무 괴로워도 떨쳐내기가 어렵죠.

그때 '판단하지 말자'라고 다짐하는 대신 그냥 판단을 알아차리고 관찰하는 거예요. '아, 판단이 일어났네' 하고요. '으! 판단하면 안 되는데. 나는 왜 이렇게 판단을 많이 하지! 진짜 부정적이야. 끔찍해' 이런 식으로 반응하면 판단이 판단의 꼬리를 물고 계속해서 일어나더라고요. 도망가려고 하면 할수록 나를 더 붙들고 늘어지는 게 판단이에요.

명상은 특정 행동을 하라고 강요하거나 하지 말라고 가르치지 않아요. 억지로 되지도 않는 긍정에 에너지 쏟는 것도 아니고요. 그저 있는 그대로 관찰하는 마음 운동이에요. 그 안에서 자유롭게 뛰어놀면, 관찰이 알아서 요술을 부릴 거예요. 그 친구가 다 할 테니, 이제는 내버려두세요.

세 번째 습관

"나한텐 지금 이게 전부야!"

증상

- '나한텐 이게 전부야'라고 생각할 때가 많다.
- 내 부족한 면에만 집중한다.
- 작은 문제라도 생기면 거기에만 몰두한다.
- 큰 그림을 놓칠 때가 많다.
- 부정적인 것만 보인다.

진단

한 지점만 계속 응시하며, 이것밖에 없다고 착각하는 습관입니다. '주의'라는 돋보기를 자유롭게 옮기는 연습이 필요합니다.

처방 : 전체 보기

아주 작은 문제라도 생기면 온 신경이 거기에 쏠리는 느낌을 받은 적 있나요? 정작 모든 것이 순탄하게 흐를 때는 그 평온함을 힘껏 음미하고 감사하지도 못했으면서요. 문제들을 절대 놓아주지 못하는 나, 잘되고 있는 것들은 그냥 스치듯 흘려보내는 나…. 지금 내가 처한 상황, 내가 지닌 고민, 감정이 세상의 전부처럼 느껴질 때가 있을 거예요.

이럴 때 명상을 하면 문제에서 한두 걸음 물러서서 내가 한쪽 면만을 보고 있다는 사실을 알아차릴 수 있어요. '내가 지금 어딜 보고 있지?'라고 끊임없이 물으면서요. 그러니 내가 못하는 것만 보지 마세요.

사실 못하는 것에 매달리는 건 우리 마음의 기본적인 성질이기도 해서, 그곳에서 주의를 옮기는 데에는 꾸준한 연습이 필요해요. 우선 당연하게 여기던 일에 주의를 두는 것부터 시작하세요. 내가 못하는 것을 보는 시간을 쪼개서 내가 잘하고 있는 것, 제대로 되어가는 일에 의식적으로 시선을 두는 거예요. 그러면 나 자신을 보는 시선에 균형을 찾을 수 있을 거예요.

네 번째 습관
"부족해, 부족하다고!"

증상

- 예전에 했던 실수로 자꾸 돌아간다.
- 내일, 모레, 다음 달에는 뭘 어떻게 할지 계속 계획한다.
- 한번 일을 시작하면 쉽게 멈출 수가 없다.
- 항상 약간 부족한 느낌, 뭔가에 쫓기는 느낌이 든다.

진단

목표를 이루는 데 급급하여 마음이 과거나 미래에만 머무는 습관입니다. 지금 여기에 머물고 현재의 충분함을 느끼는 연습이 필요합니다.

처방 : 지금 여기 돌아오기

'반드시 저 물건을 여기까지 옮겨야 해!'라는 목표만을 향해 개미처럼 성실하게 움직이는 게 당연한 사람들이 있잖아요. 저는 그런 개미 습성을 지닌 사람이었어요. 목표를 향해 가는 걸 당연하게 생각한다고 해서 항상 성실했던 건 물론 아니고요. 성실하지 못했던 순간이나, 성실하고 싶지 않았던 순간에 필요 이상으로 불행했다고 할까요.

초등학생일 때는 뇌가 말랑말랑할수록 선행 학습을 많이 해야 한다고 해서 학원에 다녔고, 중학생 때는 외고가

붐이었던지라 영단어장 좀 넘겼어요. 고등학교에 가니 좋은 대학에 진학하려면 무조건 열심히, 잘해야 한다고 하더라고요? 그제야 꾹 눌러왔던 하고 싶은 일들이 쏟아지더라고요. 주변의 기대를 따르지 못하는 제가 어딘가 잘못됐다고만 생각했고요.

저 자신에게 손가락질하던 고등학교 시절은 다시 생각하고 싶지도 않아요. 대학에 가서는 먹고살 수 있을 것 같은 전공을 골라 공부했고, 졸업해서는 전공을 살려 갈 수 있는 회사 중 처우가 괜찮은 곳에 들어가기 위해 열심히 취업 준비를 했어요. 그렇게 회사에 들어갔죠.

자, 이렇게 뭔가를 계속 해오긴 했습니다. 그런데 말이에요. 질문이 생기더라고요. '그럼 이 다음은 뭐지? 왜 부어도 부어도 안 차오르지?' 깨진 독에 물 붓기처럼 말이죠.

제가 명상을 시작한 이유도 처음엔 그 독을 채우기 위해서였어요. '그래, 마음의 평정? 필요하지. 지금부터 40분? 40분 동안 나는 제대로 평정을 느껴볼 거야. 이 시간을 제대로 보낼 거라고!' 이런 식이었어요. 이제 와서 생각하면 웃겨요. 쉬러 와서는 그 시간 내내 쉼으로의 달리기를 하다니.

그런데 선생님이 그러시더라고요. 명상은 40분이 끝나길 바라며 지금을 참아내는 게 아니라고요. 지금 여기에 존재하는 게 명상이래요. 이 말을 들으니 질문이 쏟아졌어요. '지금 여기에? 나는 항상 지금 여기에 있었는데? 내가 지금 여기에 있지 않았다면 대체 어디에 있었다는 거지?'

이렇게 계속 생각으로 빠질 때 귀신같이 이런 가이드가 주어졌어요. "생각을 알아차린 다음에는 호흡의 감각으로 돌아가세요." 이 말을 듣고 '그래, 이번에는 딱 숨만 느껴 보자'는 심정으로 주의를 기울였더니, 콧구멍으로 들어가는 숨이 느껴졌어요. 내쉴 때는 콧구멍 바로 뒤쪽에 따뜻한 바람이 누르는 느낌이 들었어요. 코가 짧아졌다가 길어지는 느낌이 반복되었죠. 이 감각이 너무 생소하고 재밌어서 계속 집중하게 되더라고요. 아무 생각도 안 나고 숨의 감각만 느껴졌어요. 한 번— 두 번— 세 번. 내 호흡에 집중하는 30초, 길어야 1분 남짓한 시간 동안 쉼의 감각이 선명히 다가왔어요.

인생에서 어딘가로 가기 위해 세웠던 전략은 양날의 검과 같았어요. 그곳으로 빨리 갈 수 있었을지는 모르겠지만, 지금의 나를 가장 빨리 잊는 방법이기도 했죠. 그렇게 저는 목표를 향해 달려가느라 머릿속의 미래나 과거에 오래 살았던 거예요. 과거의 내 모습에서 문제를 찾았고, 미래의 어딘가를 구체적으로 상상하며 할 일 목록을 써 내려갔었죠. 하지만 우리 삶 전체가 어딘가로 가기 위한 전략일 수는 없어요. 우리는 모두 사라질 존재들이고, 각자에게 주어진 시간은 무한하지 않습니다.

이상과 지금 내 모습 사이의 괴리를 동력으로 달려왔던 나, '나는 부족해'라고 끊임없이 말해온 나에게 명상이 알려준 충격적인 진실은 '지금 여기'였어요. '지금'이라는 게 있구나. 나는 지금 여기에 '존재'하고 있구나. 전에는 "너는 이미 온전해" 같은 말은 공허하게 들렸거든요. 흔히들 "긍정적으로 생각해 봐"라고 말하는 것처럼요. 그런데 명상으로 일상을 일시 정지하는 그 순간이, 그 순간의 제가 이미 온전하더라고요.

우리가 사는 세상은 빠른 속도감을 공유하잖아요. 그 속도가 잘 느껴지지 않는다고 말씀하실지 몰라요. 우리 모두가 뛰었고 지금도 뛰고 있어서 그래요. 하지만 내가 조금 아파서, 혹은 당연했던 일상의 모습에 물음표가 생겨서 조금 속도를 늦추면 확 느껴져요. 그동안 내가 얼마나 빨리 달려왔는지가요.

'아, 내가 이렇게 빨리 뛰고 있었나?' '사람들은 왜 다 저렇게 급하게 뛰어가지?' 이런 물음표가 생길 때에야 마음을 그냥 두어선 안 되겠다고 느끼며 방법을 찾기 시작하고요.

앞으로는 명상을 하며 스스로에게 묻는 거예요. '내 생각은 지금 여기에 있나? 내 마음은 지금 여기에 있나? 내 몸의 감각은 지금 어떻지?' 그 감각이 유쾌하든 불쾌하든 그건 전혀 상관없어요. 좋은 순간이 많은 것이 중요한 게 아니라, 잠시 멈추고 내 존재를 느끼는 자체에 힘이 있어요. 물음 하나에 브레이크 한 번. 그리고 나의 존재 느끼기.

눈을 감아보세요. 들이마시는 숨에 '지금', 내쉬는 숨에 '여기'. 낮게 읊조리며 잠시 숨에 머물러 쉬세요. 지금, 여기에는 내가 걱정하는 내일의 일도, 자꾸 곱씹게 되는 어제의 일도 없어요. 언제든 지금 여기에서 쉼을 발견할 수 있습니다.

다섯 번째 습관

"내가 어떻게든 할 수 있어"

증상

- 내가 어떻게 할 수 없는 일인데, 그걸 모른다.
- 나를 쉽게 몰아붙인다.
- 뭔가 잘 안 풀리면 스스로를 심하게 질책한다.
- 일이 뜻대로 되지 않거나 실패하면 이유를 찾는 데 집착한다.

진단

내가 바꿀 수 없는 일도 내 맘대로 통제하려 하고, 실패하면 자신을 몰아세우는 습관입니다. 무엇이든 다정하게 다시 시작하는 태도가 필요합니다.

처방 : 어디에나 적용되는 명상의 룰 이해하기

'아마 내가 잘못 생각한 걸 거야. 나만 괜찮으면 그냥 넘어갈 수 있는 문제 아닐까? 내가 문제야. 어떻게 보면 괜찮은 것 같기도 해. 나는 여기서 일을 잘하고 있다는 것만 증명하면 돼. 내 상태가 좋지 않은 걸 굳이 이야기한다고 뭐가 달라지지도 않을 거야.'

회사 다닐 때 이 생각을 하루에도 수백 번 했던 것 같아요. 수백 번쯤 했으면 느낀 고통을 고통이라고 알아줄 법도 한데, 스스로 그걸 인정하면 더 견디기 어려울 것 같았어요. 그래서 일이나 더 잘하겠다며 나를 몰아세우다가 일도 마음도 망가지는 수순을 밟았죠. 번아웃이 온 거예요.

'문제 해결보다 마음 회복이 우선이다'라는 말이 있어요. 내 마음이 튼튼하면 어떤 문제도 겪어낼 수 있다는 거예요. 하지만 당시의 저는 문제부터 해결하면 나는 어떻게든 괜찮아질 거라는 믿음이 강했어요. 문제를 해결하는 게 나인데 왜 나를 돌보는 일에는 그렇게 야박했을까요. 내가 없으면 일도 없고, 삶도 없고, 문제는 당연히 없는데 말이죠.

우리 사회에는 고통이 있더라도 일단 나를 몰아세우면 더 멀리 갈 수 있을 거라는 막연한 믿음이 깔려 있지요. 하지만 그렇게 할 때 일이 잘되던가요? 자신의 경험을 떠올려보세요. 과학적 연구 결과고 뭐고 다 제쳐두고요.

멍-팁!

바꿀 수 없는 것은 바꿀 수 없다고 받아들일 수 있기를.

바꿔야 하는 것은 바꿀 용기를 낼 수 있기를.

바꿀 수 없는 것과 바꿀 수 있는 것을 구분할 수 있기를.

멍상에서 우리는 수없이 실패할 거예요. 멍상을 게임이라고 생각하면, 이 게임의 룰은 좀 이상합니다. 자꾸 실패하는 게 룰이거든요. 실패하고 다시 시작해도 실패한 게 아니래요. 실패하는 순간이 무언가를 이전과 달리할 수 있는 절호의 기회래요.

이 게임에 익숙해지면 아무리 슬픈 사건이 우리를 덮쳐와도 결국 "응~ 슬픈 감정에 완전히 압도됐네~" 하고 빙그레 웃고 다시 일어날 수 있어요. 슬픔을 미워하지 않고, 곁에 자리를 내어줍니다. 그리고 언제든 다시 시작할 수 있는 거죠.

명상의 룰은 삶의 룰과 비슷해요. 앞으로도 우리 인생에는 바라지 않는 일들이 계속 벌어질 거예요. 아무리 잘해보려 해도 얼마든지 실패할 수 있어요. 그렇게 크고 작은 실패를 겪을 때, 실패를 붙들고 늘어지지 않고 다시 시작할 수 있어야 해요.

그러기 위해서는 내 고통에 마음을 여는 힘, '나 자신을 어떻게 도울까?'라고 묻는 자기 연민의 힘이 꼭 필요해요. 그렇게 다시 시작하면 실패는 더이상 실패가 아닙니다. 자기 연민은 실패를 다루는 유용한 기술이자 삶을 살아가는 현명한 태도랍니다.

일터에서도 자기 연민의 기술을 쓰는 것이 필요해요. '아, 왜 자꾸 이런 일이 일어나지, 난 왜 모양이지, 얼른 정신 차리고 끝내야지!' 이렇게 무작정 따지고 보챈다고 해서 대단한 성과가 나오지 않더라고요.

사실 일을 성취하려는 마음만큼 감정에 지배당하지 않고 나에게 다정한 태도를 갖는 것도 중요해요. 일단 눈앞의 현실을 있는 그대로 관찰하고, 내가 느끼는 고통에 마음을 열어보세요. '자, 이제 내가 나를 어떻게 도울 수 있을까?' 다정하게 묻는 거예요. 그러면 일을 할 때도 나라는 사람을 훨씬 효율적으로 다룰 수 있답니다.

멍-팁!

멍상은 실패할 수밖에 없는 게임과 같아요. 우리는 계속해서 주의를 잃을 거예요. 이때 좌절하지 말고 부드럽게 다시 시작하는 게 포인트예요. 실패에 대한 새로운 태도를 가져봅시다.

왈이가 보내는 편지

나를 연민하기 싫어요

앞에서 '자기 연민'의 기술을 활용해보라고 말씀드렸지요. 그런데 연민compassion이 대체 뭘까요? 우리나라에서는 '자기 연민'을 피해야 할 것으로 생각하는 경우가 많은 것 같아요. 'compassion'이라는 단어를 종교적으로만 해석하는 분들도 계시고요.

연민은 테레사 수녀나 간디 같은 위인들만이 도달할 수 있는 것이 아니고요. 대단한 느낌이나 감정도 아닙니다. 그저 나와 타인, 세상의 고통에 대한 자연스러운 반응이에요. 연민을 하나의 문장으로 표현한다면 '어떻게 도울 수 있을까?'라고 할 수 있어요. 고통에 마음을 열고 행동하는 자질이죠.

연민은 다양한 모습으로 나타납니다. 내 안의 고통과 함께하는 자세도 연민이고요. 아이를 먹이고 입히고 재우기 위해서 바쁘게 뛰어다니는 부모의 행동도 연민이에요. 동료를 지키기 위해 불타는 건물에 뛰어드는 행동도 연민이 있어서지요. 뭔가를 지키고, 제공하고, 동기 부여하는 것도 연민이고요. 결심을 행동으로 옮기는 것도 연민일 수 있습니다.

'너무 불쌍해!'라는 감정 그 자체는 연민이 아니라 동정이에요. 연민과 동정은 뿌리가 달라요. 동정은 상대의 고통에 원천적으로 마음을 닫는 일입니다. '네가 낫다, 내가 더 낫다'는 평가와 비교가 있고, 내 처지가 상대보다 낫다는 판단의 순간이 위안을 주기도 하죠.

연민은 내가 완벽하지 않은 인간이기 때문에 오는 실패와 고통에 마음을 여는 거예요. 연민이 자기객관화의 반대라고 여기는 사람도 있지만, 오히려 그 반대랍니다.

힘든 시기에 가장 필요한 건 문제 자체에 골몰하며 자책이나 비난을 덧대는 것이 아니에요. "왜 안 나아? 왜 자꾸 너만 힘든 것처럼 굴어?" 이런 말이 무슨 도움이 되겠어요. 아픈 아이가 있는데 "넌 나아야 해!" 다그치면서 연고를 발라주지는 않잖아요. '이 아이를 어떻게 도울 수 있지? 그래, 이 연고라도 있어서 다행이다'라는 마음으로 발라주는 거죠.

나의 고통에 열린 태도를 지니는 것도 똑같아요. 내 안의 아이가 휘청거릴 때, '지금 어때? 아프고 힘드니? 내가 너를 어떻게 도울 수 있을까?' 물어보는 연민의 마음이 필요해요. 자기 연민은 결코 피해야 할 적이 아니에요. 크고 작은 실패를 겪을 때 실패를 붙들고 늘어지지 않고 다시 시작하게 하는 원동력이자 자기 관리의 핵심입니다. 명상을 하며 연민으로 마음의 에너지를 만들어내세요. 그러다 보면 자연스럽게 자기객관화가 이루어질 거예요.

COURSE 4

마음을 튼튼하게 하는 명상 도구

헬스장에는 각종 운동 도구들이 있잖아요.

명상에도 그런 도구들이 있어요.

명상 마음 운동에

필요한 도구들을 준비해볼까요?

마음 운동에도 도구가 필요해요

몸의 중심부를 지지하는 근육을 '코어근육'이라고 하지요. 마음에도 코어근육이 있어요. 적절한 명상 도구를 활용하면 마음 코어근육을 쉽게 단련할 수 있지요. 어떤 명상 도구들이 있는지 살펴보기 전에 우리 마음의 코어근육이 무엇인지 소개할게요.

첫 번째 마음 코어근육은 '내버려두는 근육'입니다. 우리는 매일매일 무언가를 조절하고 통제하고 내 마음대로 상황을 바꾸려고 애써왔어요.

비가 오면 '비오지 마라!' 하고, 겨울이 오면 '아, 추워. 빨리 지나가라!' 버스가 안 오면 '버스가 바로바로 와야지!'라고 생각해요. 내가 용납할 수 없는 행동을 하는 사람들도 눈에 띕니다. '재는 왜 저러냐. 저렇게 안 할 수는 없나?'라는 생각을 하죠. 업무, 인간관계, 날씨, 수많은 스케줄들. 자신도 모르게 상황을 통제하려는 힘을 사용한 거예요.

이렇게 내가 원하는 대로 상황을 조절하고 통제하려는 힘만 쓰면 마음이 한쪽만 비대해져요. 균형을 갖추려면 그 반대의 힘도 길러야지요. 그게 바로 '내버려두는 근육' 입니다.

마음에 잔뜩 들어간 힘을 풀어보세요. 그러면 불편함도, 즐거움도 있는 그대로 받아들일 수 있게 되어요. 사람들은 "명상을 하면 마음이 편안해진다"는 말을 오해하곤 하는데요. 불편함이 사라져서 편안한 것이 아니에요. 불편함을 예전처럼 내 입맛에 맞게 바꾸려 하지 않고 받아들이는 데에서 편안함이 옵니다.

두 번째 코어근육은 '다시 시작하는 근육' 입니다. 이 마음 근육은 우리가 실패하거나 막다른 골목에 다다랐을 때 다정한 태도로 다시 시작할 수 있게 해주지요. 키워두면 아주 든든해요. 언제 어디서든 활용할 수 있거든요.

다시 시작하는 근육은 앞서 살펴본 연민과 매우 밀접합니다. 우리가 오랫동안 실패를 파고들고, 주저앉아 괴로워하며 다시 시작하지 못하는 이유는 자신을 위하는 연민의 힘이 부족하기 때문이거든요.

무언가를 다시 시작할 때는 어금니를 꽉 깨물며 나를 밀어붙이는 힘이 아니라, 나의 가장 약한 모습에도 부드러운 시선을 보내는 연민의 힘이 필요해요. 호루라기를 삑 불며 "다시!"라고 외치는 코치 느낌이 아니라, 정말 작고 귀여운 강아지에게 "괜찮아, 다시 해볼까?"라고 속삭이는 느낌입니다. 명상 마음 운동을 하며 우리는 수많은 실패를 하게 될 거예요. 다른 운동과 마찬가지죠. 다시 시작하고, 또 다시 시작할 거예요.

멍상에서 이 두 코어근육이 어떻게 단련될까요? 내버려두는 근육은 명상 중 어떤 생각, 감정, 감각이 올라와도 부드럽게 알아차리는 것까지만 하고, 어떻게 바꿔보려고 하지 않을 때 단련됩니다. 다시 시작하는 근육은 계속해서 흩어지는 주의를 지금 여기로 데려오면서 단련되어요.

이제부터 마음 코어근육을 키워줄 명상 도구들을 소개하겠습니다. 마음 근육을 잘 단련해서 마구 날뛰는 마음 강아지들을 훈련해볼까요.

첫 번째 도구

베이스캠프

멍상에서 '베이스캠프'란 내가 편안하다고 느끼는 몸의 부위를 뜻해요. 명상 중 길을 잃었을 때 언제든지 다시 돌아와 시작하는 곳이죠.

예를 들어 호흡을 훈련하는 명상을 하면 코끝, 혹은 숨에 따라 오르락내리락하는 배가 베이스캠프가 될 수 있습니다. 생각을 알아차리는 명상을 하면 발바닥이나 내가 어딘가에 앉아 있다는 감각이 베이스캠프가 될 수 있어요. 어디가 되었든 내가 편하다고 느끼는 곳이 우선이에요.

특히 감정을 다루는 명상을 할 때는 온갖 마음 강아지들에게 정신이 팔릴 가능성이 높기 때문에 베이스캠프를 잘 정해두고 명상을 시작하는 것이 좋아요. 언제든지 돌아와서 쉴 수 있도록요.

베이스캠프는 한번 정하면 절대 바꿀 수 없는 것이 아니에요. 매일, 혹은 매 명상마다 바꿀 수 있어요. 베이스캠프로 삼을 수 있는 몸의 부위가 따로 정해진 것이 아니라, 내가 명상을 시작하는 그 순간에 편안한 부위를 베이스캠프로 정하는 거니까요. 가장 흔히 쓰이는 베이스캠프로는 코끝, 가슴이나 배, 앉아 있다는 묵직한 느낌, 손바닥, 발바닥이 땅에 닿은 느낌 등이 있습니다.

캠핑이나 등산을 할 때 베이스캠프가 무엇을 하는 곳인지 생각해보세요. 베이스캠프에 도착하면 무거운 짐을 다 내려놓고 쉬어가잖아요.

명상을 할 때도 그런 곳이 필요해요. 예를 들어, 호흡을 다루는 명상을 할 때는 생각들이 명상을 방해하잖아요. 쏟아지는 생각들 사이에서 쉴 수 없다고 느낄 때는 미리 정해둔 베이스캠프로 돌아오는 거예요. 예를 들면 오르락내리락하는 배에 집중하는 거죠. 간단하죠?

감정을 다루는 명상을 할 때는 나도 모르게 감정을 일으킨 과거 사건에 빠져버릴 수 있는데요. 이때도 내가 정한 베이스캠프로 돌아오세요. 그곳이 발바닥이라면 땅에 닿은 발바닥 느낌에 주의를 두는 거죠. 그렇게 하면 감정의 소용돌이에서 빠져나와 한숨 돌릴 수 있는 시간이 생길 거예요.

모든 베이스캠프는 '지금 여기'에 있다는 특징이 있습니다. 호흡도, 앉아 있다는 느낌도, 손바닥의 열감도 모두 지금 여기에서만 느낄 수 있는 감각들이죠. 과거나 미래의 생각을 베이스캠프로 삼지는 않습니다. 명상은 우리가 지금 여기에 있게 하는 마음 운동이니까요. 마음이 과거나 미래를 떠도느라 잠 못 이뤘던 기억이 있나요? 마음은 지금 여기에 있을 때 비로소 쉴 수 있어요. 지금 여기에서 쉴 수 있도록 돕는 명상 도구가 바로 베이스캠프고요.

베이스캠프는 눈을 감고 명상할 때만 유용한 것이 아니에요. 눈을 뜨고 있을 때도 쓸 수 있어요. 저는 명상을 시작한 분들에게 매일 현관문을 나서기 전, 오늘의 베이스캠프를 정할 것을 권해요. 그런 날과 그렇지 않은 날에는 큰 차이가 있거든요.

베이스캠프를 만들고 밖에 나선 날은 어쩐지 든든합니다. 심리적으로 안전한 공간을 하나 마련해둔 기분이거든요. 마침 내가 타는 버스만 너무 늦게 와서 마음이 초조해지려고 하네요. 이럴 때는 코끝이라는 베이스캠프로 돌아가 숨을 크게 들이마시고 내쉬어요.

비 오는 날, 누가 우산으로 나를 툭 쳤는데 사과하지 않고 지나갔어요. 무례함에 분노가 솟아오릅니다. 소리를 꽥 지르고 싶었지만, 나에겐 오늘의 베이스캠프가 있죠. 발바닥의 느낌으로 돌아가 나를 잠시 쉬게 합니다. 그러면 차분하게 그 일에 대해서 생각할 수 있어요. 베이스캠프는 이렇듯 일상 속 마음챙김을 돕는 유용한 도구랍니다.

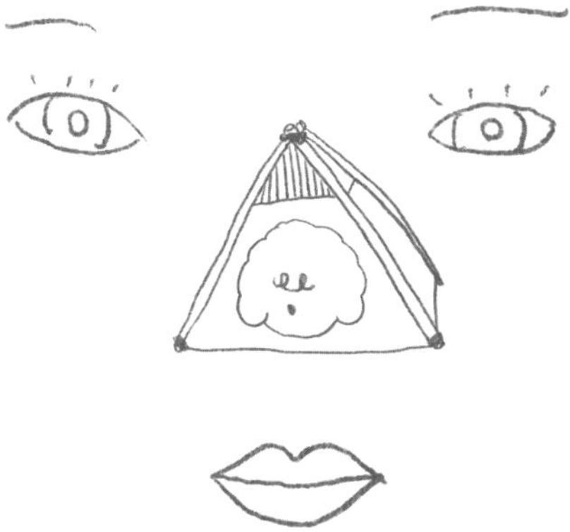

왈이가 보내는 편지

내버려둔다는 것은 뭘까요

“저는 이미 저를 내버려두고 있어요. 마음을 전부 내려놨다고요. 집도, 회사도, 연인과의 관계도 그냥 방치하고 있는데 이게 명상인가요? 명상에서는 자꾸 내버려두라고 하는데, 그럼 전 계속 이렇게 손놓고 살아야 하는 건가요?”

마음 코어근육인 ‘내버려두는 근육’을 알려드린 후 받은 질문이에요. ‘내버려두다’라는 말의 의미가 이렇게도 전달될 수 있다는 걸 깨닫고 아차 싶었죠. 이 말이 ‘체념’ 혹은 ‘방임’처럼 들릴 수도 있으니까요.

명상에서 ‘내버려두다’라는 말은 체념하라는 뜻이 아니에요. 체념이 수동적인 단절이라면, ‘내버려둠’은 적극적인 수용의 태도입니다. 내가 환영하지 않는 손님에게도 자리를 내어주라는 거예요. 그대로 있어도 된다고 허락해주는 거죠. 하지만 체념에는 수용의 과정이 없어요. 나는 허락하지 않았지만 상황은 이미 내가 원하는 대로 흐르지 않았으니 억지로 참는 거죠.

이렇게 생각해보세요. 작은 그릇에 담긴 물에 식빵을 넣으면 물은 빵가루로 금방 탁해지겠죠. 그런데 바다에 식빵을 넣으면요? 바다는 여전히 그냥 바다일 뿐이잖아요. 내 안의 넓고 큰 공간을 느껴보세요. 나는 넓은 바다입니다. 내가 느끼는 감정이나 생각은 파도라고 상상해보세요. 나를 바다와 같다고 상상하는 과정은 아래와 같습니다.

객관화

내가 지금 느낀 감정, 생각, 현실만이
세상의 전부가 아님을 알아차린다.

↓

전체성

나라는 바다, 그 전체를 인식한다.

↓

수용

지금 내가 환영하지 못하는 생각이나
이 감정 또한 내 안에 속한다는 것을,
그것들은 파도(혹은 식빵)라는 것을 받아들인다.

상황, 감정, 생각을 밀어내지 않아도 돼요. 내 안의 넓디넓은 공간을 인식하고, 불편한 감정이라도 그 공간의 일부분임을 인정해보세요. 그러면 그 감정이 거기에 있어도 괜찮아집니다.

이 수용의 과정에서 '마음에 자리를 내어주다'라는 표현을 사용해요. 틱낫한 스님은 '내버려두는 것Let go'은 '있도록 허락하는 것Let be'이라는 말을 자주 쓰셨어요.

때로는 해소되지 않은 감정이 현재의 나를 과거에 묶어두기도 합니다. 예전에 내가 상처받았던 일과 비슷한 상황이 닥치면, 전에 돌봐주지 않은 감정이 현재의 결정에 중대한 영향을 미치는 거죠.

지금 만나는 연인은 전에 만났던 바람을 피우는 연인과 다른 사람인데 자꾸 겹쳐 생각하는 일 같은 거예요. 하지만 그 연결성, 해소되지 않은 과거의 감정을 쉽게 알아채지 못하고, '이제 와서 왜 이런 감정을 느끼지? 왜 이런 선택을 했지?'라고 되묻게 되지요.

원하지 않던 손님이라도 자리를 만들어주세요. 여기 좀 머물다가 가라고 진심으로 허락해주세요. 이미 여기에 와 있으니 방석을 내어주세요. 당장 상황은 달라지지 않더라도, 상황과 나의 관계는 다르게 해볼 수 있죠. '허락'은 관계 맺는 방식이거든요. '내버려둔다'는 건 그런 거예요.

감정을 수용하고 허락해줬다면요. 이제 감정이 시야를 가리지 않아서 상황이 좀 더 명확하게 보일 거예요. 그때 나다운 선택을 내리면 됩니다.

두 번째 명상 도구

이름표 붙이기

평생 운동을 안 하던 사람이 갑자기 러닝머신 위를 빠르게 달리면 몸에 무리가 와요. 그러면 그다음 날에는 러닝머신 위에 오르고 싶지 않겠죠. 명상도 마찬가지랍니다. 운동하는 마음에 무리가 덜 가게 도와줄 도구를 하나 드릴게요. 바로 '이름표 붙이기'입니다.

명상을 하다 보면 "알아차리세요"라는 말이 많이 들립니다. 이 도구는 그때 알아차린 것에 톡 하고 이름표를 붙이는 거예요. 무슨 말이냐고요? 생각이 떠오르면, 생각을 알아차리고 거기에 '생각'이라는 이름표를 붙이는 거죠.

그렇게 이름표를 붙이면 '아, 이건 생각이야. 생각일 뿐이지' 하고 지나갈 수 있게 됩니다. 이름표를 붙였다면 그게 무엇이든 지나가게 내버려둡니다. 이름표는 내가 무엇을 알아차리고 있는지 언어로 빠르게 정리해줘요. 그리고 그것이 왔다갔다는 사실을 놓치지 않게 해줍니다.

지친 날에 명상을 할 때는 이름표 붙이기를 더욱 적극적으로 활용하세요. 이름표를 붙이는 의식적인 행위가 떨어진 집중력을 올려줍니다. 그렇게 하면 좀 더 쉽게 에너지를 올릴 수 있습니다.

중요한 것은 이름표를 기계적으로 붙이지 않는 거예요. 채점하듯 호흡에 이름표를 붙이면 실제로 호흡하고 있지 않은 순간에도 습관적으로 이름표를 붙이게 될 수도 있거든요.

그리고 마지막으로 하나 더. 이름표를 '숨 하나! 생각 하나!' 이렇게 강압적으로 붙이지 마세요. 아주 다정하고 편안하게 이름표를 붙여주세요.

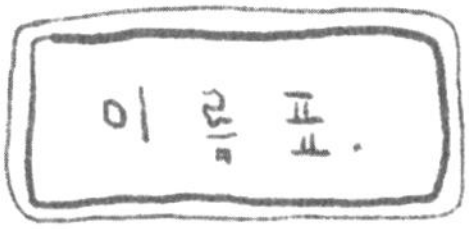

세 번째 명상 도구

만트라

'만트라'의 '만'은 마음, '트라'는 도구를 의미하는 말이에요. 만트라는 '마음의 도구'로, 자신에게 도움이 되는 말을 표현하는 걸 뜻해요. 주문을 외우듯이요. 말에는 힘이 있잖아요. 만트라는 말의 힘을 사용해 쉽고 빠르게 마음의 표면을 평온하게 만들어요. 하지만 다른 명상에 비해 깊은 감정을 다루지는 못하죠.

만트라는 여러 상황에서 쓰일 수 있어요. 지금 내 마음에 당장 도움이 필요할 때 응급 처치를 하듯 만트라를 쓰기도 합니다. 출렁이던 마음의 표면이 잔잔해지는 걸 빠르게 느낄 수 있거든요. 또, 여러 명상의 끝에 마무리로 들어가기도 해요.

만트라는 입 밖으로 소리내어 사용할 수도 있지만 대부분은 마음속으로 되뇌는 방법으로 쓰여요. 입가에 미소를 살짝 띠고 두 손을 가슴 위에 포갠 채 외워보세요. 만트라의 종류는 다양합니다. '내가 행복하기를' '지금 이대로, 충분해' 같이 스스로에게 말하는 만트라, '당신이 행복하기를' 같이 타인의 행복을 빌어주는 만트라도 있어요. '내가 행복하기를' 하고 나의 행복을 비는 만트라 명상을 하다 보면 어느새 눈물이 주르륵 흐를 때가 있는데요. 내가 하는 말을 내 귀로 들으면 두 배로 뭉클해지기 때문인 것 같아요.

자, 그럼 어떤 것이 만트라가 될 수 있을까요? 어떤 말이든 만트라가 될 수 있어요. 나만의 만트라를 만들 수도 있어요. 내가 나에게 필요한 말을 찾는 거예요. 나만의 마법 주문이랄까요. '잘했어. 수고했어. 최선을 다했어. 너를 믿어' 같은 말도 좋아요. 지금까지 외면했던 마음을 들여다보고 필요했던 말을 마구 건네는 거예요. 상처에 연고를 듬뿍 발라주듯이요. 꼭 어려운 인도어나 외국어일 필요도 없어요. 내게 가장 편안하게 들리는 말로 만트라를 만들어보세요.

제가 자주 사용하는 만트라는 '숨, 지금 여기. 어려워? 천천히 해'예요. 상황에 맞게 길이도 조절해서 쓴답니다. 바쁠 때는 '숨!'이라는 한 글자가 저를 지켜주기도 하고요. 괴로운 마음에서 빠져나오지 못하고 감정 속을 헤엄칠 때는 잠시 눈을 감아요. 그리고 가슴 위에 손을 올려둔 채 '어려워? 천천히 해'라고 나에게 마음을 담아 말해줘요.

중요한 건 만트라를 얼마나 또박또박 끊임없이 외우는지가 아니에요. 내가 선택한 말의 의미를 곱씹으면서 마음에 일어나는 변화를 있는 그대로 지켜보는 게 중요하죠. 몸의 감각이 어떻게 변화하는지, 어떤 생각이 일어나는지, 어떤 감정이 찾아오는지 놓치지 말고 바라보세요. 그렇다고 갑자기 나에게 엄청난 자애와 연민의 느낌이 쏟아지길 기대하지 마세요. 어떻게 하려는 마음 대신 지금 내가 어떤 상태인지를 정확하게 알아차리세요.

만트라는 생활 속 여러 중요한 상황에서 도움이 되기도 한답니다. 면접을 앞두고 있을 때, 회사에서 부당한 일을 당했을 때, 가족이나 친구와 관계가 틀어지는 일이 생겼을 때, 이럴 때야말로 마음의 평온이 긴급히 필요한 때죠. 응급할 때 만트라로 필요한 말을 내게 들려주세요. 어느새 마음이 진정될 거예요.

네 번째 명상 도구

바디스캔

'바디스캔'은 내 몸 구석구석을 느끼는 명상 도구입니다. 혹시 스캐너가 작동하는 걸 지켜본 적 있나요? 하얀 띠가 지나가면서 올려둔 물건을 쭉 훑잖아요. 명상에서 그 띠를 나의 주의라고 생각해보세요.

바디스캔은 말 그대로 주의라는 하얀 띠가 몸의 부위 부위를 위에서 아래로, 아래에서 위로 쭉 스캔하는 걸 뜻해요. 몸의 한 부위에 일정 시간 동안 주의를 두고 감각을 관찰하는 거죠. 뒤에 나올 5코스 '7일 7명상 챌린지'에서 바디스캔을 활용한 명상(198쪽 참고)을 해볼 거예요.

명상으로 바디스캔을 하다 보면 툭 걸리는 부위가 있을 거예요. 아무 느낌이 없는 구간이나 압도적으로 고통이 느껴지는 구간도 있고요. 저는 처음 바디스캔을 했을 때 어깨가 떨어져 나가는 것 같은 고통을 느꼈어요. 오랜 시간 안 좋은 자세로 생활하면서 통증에 익숙해진 나머지 그 통증을 아예 무시해왔던 모양이에요. 감각에 주의를 기울여 어깨 통증을 또렷하게 느낀 덕분에 그 후로 병원도 가고 운동을 하며 몸도 챙길 수 있었죠.

내 몸이지만 한 번도 주의를 둔 적 없는 신체 부위가 있을 수도 있어요. 특히 새끼발톱이나 등 한가운데 같은 부위는 생소하게 느껴질 텐데요. 번잡스러운 환경에서 이런 부위에 주의를 두는 건 어려워요. 내가 편안하게 주의를 집중할 수 있는 장소에서 바디스캔 명상에 도전해보세요. 자기 전 침대 위에 누워서 몸을 이완할 때 활용해도 좋습니다.

바디스캔을 하면 주의의 특성이 확 와닿아요. 두피에 주의를 둘 때는 발끝의 감각이 전혀 느껴지지 않고, 발끝에 주의를 두면 두피의 감각은 사라집니다. 내가 주의를 두면 느껴지고 주의를 두지 않으면 사라져요. 신기하죠?

특정 부위가 아픈 상태에서 바디스캔 명상을 하실 수도 있지요. 만약 어깨가 아프다면 머리에 주의를 둘 순서에도 계속해서 어깨 통증으로 주의가 갈 거예요. 하지만 바디스캔을 멈추지 말고 신체의 다른 부위들로 주의를 옮기는 과정을 반복해보세요. 그러면 계속되던 통증이 점차 뭉툭해집니다. 사실 통증 자체는 거의 그대로이지만, 내가 주의를 다른 곳에 두어서 통증이 잠시 배경으로 물러선 거죠. 직접 경험해보면 주의의 힘을 활용한 바디스캔의 특징을 좀 더 명확히 이해할 수 있을 거예요.

다섯 번째 명상 도구

질문하기

'질문하기'는 여러 명상에서 사용할 수 있어요. 질문의 종류에 따라 명상 초입에 들어갈 수도 있고 중간이나 마무리에 들어갈 수도 있어요. 예를 들어 '나는 왜 명상을 하려고 앉았지?'라는 질문은 명상에 본격적으로 들어가기 전에 하면 좋아요.

질문의 답이 중요한 건 아니에요. 맞는 답, 틀린 답이 있지도 않고요. 다만 내 마음에 호기심을 갖고 묻는 거예요. '나에게 중요한 건 뭐지?' '나는 왜 명상을 하려고 앉았지?' 이렇게 질문을 하는 순간, 몸에서 어떤 감각이 일어날 수도 있고 생각이 떠오를 수도 있어요. 이 모든 것을 있는 그대로 지켜보는 것. 그것이 질문하기에서 중요한 거예요.

그러니 질문에 대한 답을 꼭 찾을 필요는 없어요. 물론 명상이 끝나고 생각을 정리하는 시간을 가질 수도 있겠죠. 하지만 명상을 하는 도중에는 답을 구하겠다고 잃어버린 열쇠를 찾듯 마음을 졸일 필요는 없어요. 그저 주어진 질문의 바다에 둥둥 떠다니며 몸에서 느껴지는 감각만 느껴봐도 충분해요.

마음 운동을 하다 보면 목표과 방향을 잃고 숙제하듯 명상하는 시기가 올 거예요. 그때 '왜'를 질문하는 습관을 들이면 좋아요. '나 왜 명상하지?' 그럼 잊었던 내 명상 의도가 떠오릅니다.

일상 속에서도 질문하기 명상 도구를 쓸 수 있어요. 우리는 평소에 그저 할 일 목록을 지워가며 하루를 보내는 경우가 많은데요. 그럴 때 '왜 일하지?' '왜 공부하지?' 이렇게 잠시 쉬며 스스로에게 질문을 던져보세요. '왜'라는 질문은 쓸데없는 것을 내려놓을 수 있게 해줘요. '이 일에는 '왜'가 없구나. 그렇다면 내려놓아도 되겠다' 이런 식으로요.

'나에게 중요한 게 뭐지?'라는 질문도 아주 유용해요. 이 질문을 하면 나의 중요한 가치, 우선순위가 보이거든요. 생각보다 해야 할 일이 복잡하지 않다는 걸, 내가 욕심을 부리고 있다는 걸, 혹은 이건 욕심을 부려도 된다는 걸 알게 될 거예요.

여섯 번째 명상 도구

상상하기

'상상하기'는 감각 마음 강아지와 친한 명상 도구입니다. 상상하기를 바로 사용해볼까요? 지금 이 글을 읽으면서 마음속에 '내가 가장 편안하다고 느끼는 장소'를 떠올려봅니다. 내 방 이불 속, 단골 카페의 구석 자리, 볕이 잘 드는 공원의 벤치…. 자, 아마 별로 힘 들이지 않고도 내 몸이 편안하게 이완되고 있을 거예요.

상상하기는 나를 곧장 편안한 감각으로 데려다주는 마법 같은 도구예요. 특히 이완이나 연민을 단련하는 명상을 할 때 많이 쓰입니다. 따스한 햇빛이 내 가슴을 비춘다고 상상해보세요. 그 빛이 내 몸 전체로 퍼져나가고, 내 몸에서 나온 빛이 내가 사랑하는 이들에게 퍼져나가는 상상을 하면 입가에 미소가 절로 지어져요.

반대로 불편한 감정을 마주하는 명상을 할 때도 상상하기가 쓰여요. 불편한 상황을 상상하면 그 장면의 불쾌한 느낌이 몸에 오롯이 느껴지지요. 그런 상상을 대체 왜 하냐고요? 고통을 마주하는 것이 생각보다 무섭지 않은 일이라는 걸 깨닫게 해주거든요. 고통을 무작정 피하려고만 하면 더 큰 고통에 빠지기 쉽다는 사실을 잊지 마세요.

명상 도구 사용 시 주의 사항

멍상 도구는 감정을 바꾸기 위해 사용하는 게 아니라는 것을 유념하세요. 운동을 할 때도 어떤 날은 날아갈 듯 홀가분한 몸으로 집에 가지만 어떤 날에는 더 지쳐서 돌아가기도 하잖아요.

우리가 운동을 하는 이유는 건강해지기 위해서지, 단순히 보기 좋은 근육을 키우려는 게 아니지요. 멍상도 마찬가지랍니다. 멍상 도구는 단순히 기분을 좋게 만들려고 쓰는 게 아니에요.

마음에 일어나는 일은 통제할 수 없어요. 마음 강아지들 기억하시죠? 이 세상에 내 뜻대로만 행동하는 강아지는 없을 거예요. 마음의 기반이나 환경을 어느 정도 개선할 수는 있지만 찾아온 생각이나 감정, 감각 등을 내 뜻대로 바꿀 수는 없답니다.

그래서 내 마음에 일어나는 일과 내가 어떻게 관계 맺는지가 중요합니다. 마음 운동을 할 때 기분이 좋아지는 경험만 한다면 오히려 아쉬울 거예요. 힘든 일이 왔을 때 마음을 다루는 방법을 익힐 수 없을 테니까요.

COURSE 5

7일 7명상 챌린지

후, 이제 머리로는 거의 명상 왕이 된 것 같아요.

칼을 뽑았으니 휘둘러봐야죠.

우리 목표는 7일 동안 매일 한 개씩 명상하기.

시작해봅시다!

처음 마음 운동을 하는
초보 명상가를 위한 가이드

이제 막 명상 마음 운동을 시작한 분들을 위해 기초를 다져줄 명상들을 준비했어요. 아래 방법에 따라 명상해 볼까요?

방법 ①

7일 7명상 챌린지!

앞으로 소개할 명상 일곱 개를 매일 한 개씩 일주일 동안 해보세요. 명상은 단 한 번으로 이루어지는 마법이 아니에요. 헬스장에 한번 갔다고 근육이 바로 생기지 않듯이, 명상도 꾸준히 하는 것이 중요합니다. 굳이 없는 시간을 낼 필요 없이 하루를 마무리하는 시간을 명상으로 채워보세요. 명상이 습관이 되면 '나'와 만나는 시간이 쌓이면서 자신에 대한 이해도 깊어져요.

방법 ②

'이럴 때' 명상!

일상 속에서 해당 명상이 필요한 몇 가지 상황들을 각 명상 아래 '이럴 때' 코너에 정리했어요. 비슷한 상황에 처하면 명상하며 마음을 단련해보세요.

방법 ③

마음 강아지, 명상 도구별 명상하기

각 명상 아래에는 필요한 명상 도구, 함께할 마음 강아지가 표시되어 있습니다. 특별히 함께하고픈 마음 강아지가 있거나 익숙해지고 싶은 도구가 있다면 이곳을 참고하여 마음 운동해보세요.

방법 ④

명상하고 매듭 짓기

명상 후 내가 무엇을 느꼈는지 기록하는 일은 명상을 하는 것 못지 않게 중요해요. 기록은 보이지 않던 마음을 보여주고, 나만의 의미를 갖게 하는 과정이거든요. 각 명상 운동 뒤, '명상 매듭 짓기' 코너에서 느낀 것들을 기록하며 정리해보세요.

방법 ⑤

읽고 들으며 명상하기

책을 읽으며 명상하는 '읽으며 명상'과 오디오 가이드를 들으며 명상하는 '들으며 명상'을 준비했어요.

'읽으며 명상'은 이렇게!

이곳에 준비된 가이드를 읽으면 어떤 명상을 기대할 수 있는지 밑그림을 그려볼 수 있습니다. 오디오 가이드를 들으며 하는 명상에 익숙해지셨을 때 '읽으며 명상'을 하면 더 좋습니다.

'들으며 명상'은 이렇게!

오디오 가이드와 함께하는 명상이에요. 처음 명상하는 분들께 추천해요. 혼자 명상하다 보면 생각 속에 푹 빠질 때가 많거든요. 오디오 가이드와 같은 보조 도구가 있으면 좀 더 쉽게 명상할 수 있어요. 본문 속 '들으며 명상'에 실린 글은 실제 듣게 되는 오디오 가이드 대본의 일부입니다. 각 명상의 오디오는 이렇게 표시되어 있어요.

▷ day 1

→ '들으며 명상' 아래 이렇게 표시해두었어요. 그날에 맞는 오디오 가이드를 재생하세요.

→ '들으며 명상' 오디오 가이드는 '네이버 오디오클립 앱'에서 들으실 수 있어요.

오디오클립 앱에서 '들으며 명상' 가이드 듣는 법!

☞ '네이버' 검색 창에 '왈이의 마음단련장 오디오클립'을 검색한 후 마음도 운동이 필요해 〈7일 7명상 챌린지〉 시리즈 클릭!

☞ 혹은, 아래 QR코드로 '왈이의 마음단련장' 네이버 오디오클립에 바로 접속!

알아두면 유용해요

명상을 위해 준비할 것들

멍상을 할 때 꼭 필요한 것, 여러분은 이미 다 가지고 계실 거예요. 명상은 몸뚱이만 있으면 어디에서든 할 수 있거든요. 명상을 할 수 있는 '구조'가 있다면요.

정신없이 돌아가는 회사, 부모님과 함께 사는 집의 거실처럼 언제든 누군가 개입할 수 있는 곳에서 명상을 한다면 어떨까요. 새벽 두 시에 침대에 누워서, 아주 졸립고 피곤할 수밖에 없는 상황에서 명상을 한다면요. 명상이 즐거울 수가 없습니다. 명상을 할 수 있는 환경을 아직 만들지 못한 거예요.

명상을 할 수 있는 환경을 탐색하세요. 그 환경에서 내가 명상을 즐길 수 있는 구조를 만들어보세요. 내가 애쓰지 않아도 무언가를 계속할 수 있게 하는 힘은 즐거움뿐이잖아요. 나의 명상을 즐겁게 만드는 것이 무엇일지 생각해봅시다.

편안한 옷

저는 장비욕이 조금 있는 편이라 명상할 때 '나 명상한다!'라는 느낌을 받는 걸 좋아해요. 품이 넉넉하고, 린넨이나 인견처럼 인공적으로 만들지 않은 원단의 옷이 그런 느낌을 주더라고요. 그런 옷을 입고 명상하면 마음 운동이 조금 더 즐거워요.

사실, 편안한 옷이라면 어떤 것이든 괜찮아요. 어떤 분은 요가복을, 어떤 분들은 잠옷을 입고 명상하는 걸 좋아하시더라고요. 작은 팁이 있다면, 잠들기 전에 명상을 할 때는 수면 바지를 입는 걸 추천해요. 입고 그대로 잘 수 있고, 보드랍고 따뜻해서 명상 내내 기분이 아주 좋거든요.

'멍스팟' 찾기

조용하고 방해를 덜 받는 장소를 찾아서 그곳을 '여기가 명상하는 곳이다!' 하고 콕 지정해두세요. 그곳이 바로 여러분의 '멍스팟'입니다. 아이들에게 '생각하는 의자'를 주는 것처럼, 여기에 앉으면 명상을 한다고 스스로와 약속을 하는 거죠. 어디에서 할지 고민할 필요 없이 이곳에서 명상하면 된다는 생각이 심어져 있으면, 명상 습관을 만드는 데에 도움이 됩니다.

멍스팟에는 방석을 놓는 것도 좋아요. 평소에 우리는 의자에 앉아 있는 시간이 많잖아요. 그래서인지 명상할 때 의자가 아니라 가부좌를 틀고 방석 위에 자리 잡으면 명상 스위치가 잘 켜지더라고요. 몸이 자동적으로 '지금은 일하는 게 아니구나' 하고 파악하는 느낌이랄까요. 마음이 좀 더 빠르게 고요해지고요. 앉는 자리가 바뀌었을 뿐인데 다른 공간에 간 것처럼 맥락이 전환되는 거죠.

명상 시간 정하기. 언제? 얼마나?

명상을 시작하는 시간을 미리 정해두세요. 시간 기약 없이 여지를 많이 두면 둘수록 아무래도 명상을 하기까지 시간이 더 걸리니까요.

멍상은 아침 시간에 하는 게 좋아요. 하루의 분위기를 만들어주거든요. 아침에 하는 요가처럼요. 하지만 정해진 시간이란 없어요. 내가 지속해서 멍스팟에 앉을 수 있는 시간이 멍상하기 제일 좋은 시간입니다. 여유가 없다면 굳이 아침을 고집할 필요는 없습니다. 퇴근 직후나 자기 전 시간도 좋아요.

얼마나 오래 멍상을 할지 미리 정해서 알람을 맞춰두는 것도 좋아요. 멍상 시간은 한 번에 10분에서 45분 정도가 적당합니다. 가끔 길게 하는 것보다는, 짧게 하더라도 매일 꾸준히 하는 게 마음 근육 키우기에 적합합니다.

멍상을 꾸준히 하다 보면 일상 속에서도 생각이나 감정을 알아차릴 수 있고, 집중이 흐트러졌다가도 금방 중심을 잡을 수 있게 돼요. 멍상 효과를 조금씩 경험하면 앉아 있는 시간이 자연히 늘어날 거예요. 초보 멍상가라면 하루에 한 번, 5분 정도로 시작해보세요.

멍상 자세는?

1. 척추는 바로 세웁니다. 명료한 정신의 기둥이 돼요.

2. 눈을 감으면 상체가 앞으로 기우는 경우가 많으니, 뒤에 벽이 있다고 상상하세요. 벽에 기댄다는 느낌으로 앉습니다.

3. 손은 허벅지나 무릎 위에 자연스럽게 얹습니다. 손바닥을 하늘로 향하게 두면 내게 무엇이 찾아오든 환대하며 맞이하는 기분이 들고, 무릎에 두면 심지를 견고히 하는 느낌이 들어요.

4. 얼굴, 어깨, 배에 자신도 모르게 힘이 들어가는 경우가 많아요. 미간, 입, 턱 등에 들어간 힘을 의식적으로 빼주세요.

5. 우리는 책상 앞, 지하철, 버스 안 어딘가에 매일 앉아 있잖아요. 그때 정말 앉아 있었나요? 내가 '여기'에 앉아 있다는 걸 찬찬히 느껴보세요.

좋아하는 것을 곁에 두기

저는 명상 방석 앞에 작은 협탁을 뒀어요. 협탁에는 가장 좋아하는 유칼립투스 오일(향은 정말 좋은 명상 파트너예요)과 제가 사랑하는 사람들이 건네준 쪽지들, 아끼는 나뭇잎, 작은 초를 올려뒀어요. '덩그러니'라는 이름을 붙여준 아까시나무도 명상할 때 항상 제 곁에 있어줘요. 멍스팟 근처에 지키고 싶은 마음이 담긴 것들을 두세요. 명상하는 내내 그 마음이 깃들 거예요.

명상 Day 1 숨, 딱 한 글자

멍상한 날 : 월 일

명상 도구 베이스캠프

이럴 때 내 마음에 휴식을 주고 싶을 때
나만의 충전 버튼을 만들고 싶을 때

마음 강아지 생각, 감각, 감정

첫 번째 명상입니다. 들이마시고 내쉬는 숨을 베이스캠프로 두고 생각이나 감각, 감정이 떠올라도 계속해서 숨으로 돌아오는 호흡 명상을 할 거예요.

호흡 명상은 마음 운동의 러닝머신이에요. 러닝머신으로 하는 유산소 운동은 몸을 단련할 때 제일 기본이 되는 운동이잖아요. 호흡 명상도 마음의 기초 체력을 키워줘요. 앞으로 어떤 명상을 하더라도 계속해서 따라올 기본입니다.

호흡에는 재밌는 특징이 하나 있어요. 한번 따라해보세

요. 눈을 감았다가 떠봅니다. 이번엔 발가락을 꼼지락거려보세요. 눈과 발이 내 명령에 충실히 따르지요. 자, 이건 어때요? 피를 멈춰보세요. 얼른요! 불가능하죠. 내 몸에서 생명과 직접적으로 연관된 신체의 작용은 마음대로 할 수 없습니다. 피를 멈출 수도 없고, 체온을 내릴 수도 없고, 심장을 멈출 수도 없죠.

자, 이번엔 숨을 참아보세요. 그리고 크게 내쉬세요. 잘되지요? 호흡은 이렇게 내가 조절할 수도 있지만 특별히 조절하지 않고도 계속 이어지는 신체 작용입니다. 통제할 수도 있고, 내버려둘 수도 있는 신체 작용이라는 점이 아주 재밌죠.

'아무것도 모르겠고, 일단 마음이 너무 안 좋다!' 하면 숨 하나만 딱 기억하면 돼요. 숨은 항상, 언제나 지금 여기에 있어요. 어제의 숨을 지금 쉴 수 없고, 내일의 숨을 당겨올 수도 없죠. 지금 이 순간의 숨을 느끼는 수밖에 없거든요. 숨이 '지금을 살아간다'라는 것을 깨닫게 해주는 이유예요.

저는 숨이 이 순간의 진실이라고 생각해요. 내가 아무리 극적인 상상이나 후회 속에 빠져도 그건 모두 생각일뿐 실재하지 않잖아요. 내가 숨쉬면서 이 순간에, 여기에 살아 있다는 것만큼 확실한 진실이 있을까요. 숨이 무한 반복될 것 같아도 어떤 이든 숨은 한정적이에요. 우리는 주어진 숨을 다 쉬고 나면 사라질 존재들이죠. 그걸 알고 숨에 집중하면, 살아 있다는 감각을 또렷하게 느낄 수 있어요. 살아 있기에 호흡하고, 살아 있는 모든 순간에 우리는 호흡으로 돌아갈 수 있어요.

호흡이 중요한 또 다른 이유는 정신적인 활동과 가장 긴밀하게 연관된 신체 작용이라는 점이에요. 우리는 태어날 때부터 지금까지 숨을 쉬고 있지만, 숨이 특별히 마음과 연결되어 있다는 생각을 해본 적 없을 거예요. 하지만 호흡은 지금 내 마음 상태가 어떤지 투명하게 보여줘요.

내가 몇 개월 동안 매달린 프로젝트에 대해 상사에게 가차없는 피드백을 받았다고 가정해볼까요. 그것도 온 팀원들 앞에서요. 이렇게 긴장 상태에 놓일 때 호흡은 어떻게 되나요? 거칠어지고, 빨라지고, 불규칙해집니다. 극도로 스트레스를 받을 때는 나도 모르게 숨을 참게 되기도 하죠. 반대로 집에서 따뜻한 물에 샤워하고 강아지랑 가만히 누워 있을 때는 몸이 천천히 이완되면서 호흡이 느려지고 안정되죠.

평소에 자신의 마음이 어떤 상태인지 알아차리지 못하는 분들이 많아요. 그때 호흡이 나에 대해 많은 이야기를 들려줄 거예요. 아침에 10분 정도 호흡 명상으로 나를 깨워보세요. 회사에서 일하다 잠깐, 출근길 지옥철에서 잠깐 정성스레 숨을 쉬어보세요. 음악을 듣듯 나의 숨소리를 가만히 들어보는 거예요. 자, 이제 읽고 들으며 명상하러 가볼까요?

멍-팁!

호흡을 '조절'하는 게 아니라 호흡을 그냥 바라보는 것에 집중하세요. 호흡을 음악이라고 상상하세요. 들숨과 날숨의 리듬을 타는 거죠. 숨 저마다의 길이, 세기에 주의를 두고 자신의 호흡에 귀기울이세요.

읽으며 명상

1. 5~10분 후로 명상 종료 알람을 설정합니다.

2. 편한 자세를 만들어보세요. 힘을 빼되, 허리를 똑바로 세우고 앉으세요. 몸에게 알려주는 거예요. '몸아, 나 이제부터 명상할 거야.'

3. 앉아 있는 느낌에 집중하세요. 의자나 바닥에 닿은 엉덩이의 느낌, 곧게 선 허리, 발바닥의 감각에 집중합니다.

4. 숨을 느껴봅니다. 숨이 코끝을 지나는 느낌을 알아차릴 수도 있고, 배가 오르락내리락하는 느낌을 따라갈 수도 있어요. 숨을 들이마시고 내쉬며 호흡을 바라봅니다.

5. 생각으로 빠져버렸다면, 생각을 알아차리세요. 그리고 앉아 있다는 것 느끼기를 다정하게 다시 시도하세요(3번). 마음의 동요가 조금 가라앉았다면 다시 호흡의 감각에 주의를 둡니다(4번). 3, 4, 5번 과정을 반복합니다.

6. 알람이 울리면, 천천히 눈을 뜹니다.

멍-팁!

숨을 더 깊게 쉬려고 애쓰지 마세요. 이건 호흡 연습이 아닙니다. 호흡의 리듬을 따라가며 '내가 이렇게 숨쉬는구나' 알아차리는 연습이에요.

들으며 명상

▷ day 1 숨, 딱 한 글자

네이버 오디오클립에서 오디오 가이드를 들으며 명상해요.

숨을 일부러 길게 들이마시거나
깊게 내쉴 필요는 없어요.
내 숨이 짧으면 짧은 대로,
얕으면 얕은 대로 편안해지세요.
내 몸은 이미 숨쉬는 방법을 나보다 더 잘 알고 있어요.
몸에 맡겨보세요.

중간에 다른 생각이 나를 방해했나요?
괜찮아요. 숨은 여전히 여기에 있으니까요.
부드럽게 다시 숨을 찾아오세요.

들숨에 콧구멍의 시원한 느낌,
날숨에 콧구멍의 따뜻한 느낌.

단 한 번이라도 괜찮아요.
단 한 번의 들숨과 날숨을 가만히 따라가보세요.

멍-팁!

호흡에 베이스캠프 짓기가 너무 어렵나요?

마음이 편해지는 공간을 떠올리세요. 갈 수 있다는 생각만으로 위안을 주는 곳이요. 청산도의 어느 숲길일 수도 있고, 공들여 꾸민 내 방일 수도 있어요. 어디든 내가 편안해지는 곳이 있다면 지금 그곳에 있다고 상상하세요. 그리고 코에 그 공간을 짓는다고 상상해보세요.

"저는 그래도 호흡이 안 느껴지는데요!" 괜찮아요. 다른 곳에 베이스캠프를 지을 수 있습니다. 앉아 있다는 감각, 손바닥의 느낌을 느껴보세요. 비교적 감각이 잘 느껴지는 곳입니다. 앉아 있을 때 엉덩이와 허벅지가 의자를 누르는 무게감을 느껴보세요. 중력감, 온기를 느낍니다. 손바닥에는 어떤 감각이 느껴지나요? 손끝의 차가움, 손바닥의 열감, 손의 무게감, 피가 도는 느낌. 베이스캠프의 의미는 쉬어가는 곳입니다. 호흡, 앉아 있음, 손바닥… 어느 곳에서 가장 편안함이 느껴지는지 탐험해보세요.

명상 매듭 짓기

숨은 어때요?

몸은 어때요?

마음은 어때요?

기분 나쁨	기분 좋음
기운 없음	활기참
우울	명랑
불안	편안
조급함	여유
미움	사랑
화	친절
불만	감사

오늘의 알아차림,

나에게 해주고픈 말은?

명상 매듭짓기, 이렇게 해봐요

앞으로 매일 명상이 끝나면 왼쪽에 있는 '명상 매듭 짓기' 활동을 할 거예요. 각 칸의 질문에 답하는 방법을 알려드릴게요. 첫 번째 질문부터 살펴볼까요?

숨은 어때요?

명상 전에 숨이 어땠는지, 그 숨이 명상 후 어떻게 되었는지 기록해보세요.

ex. 명상 전에는 숨이 막히는 느낌이었는데, 지금은 숨의 자연스러운 리듬을 찾았다.

몸은 어때요?

명상을 할 때 특정 부위가 아픈 상태였는지, 어딘가 불편한 곳이 있었는지 떠올리며 적어보세요.

ex. 몸이 조금 부어 있다. 어제보단 낫지만 손가락, 손목이 여전히 시큰거린다.

마음은 어때요?

막대 양끝에 대치되는 상태가 표시되어 있어요. 지금 나의 마음은 이 양끝 사이 어디쯤인지 점을 찍어보세요. 찍은 점들을 하나의 선으로 연결해 모양을 한눈에 살펴보고, 아래에 마음 상태도 자유롭게 적어보세요.

오늘의 알아차림, 나에게 해주고픈 말은?

멍상을 하며 오늘 알아차린 것들을 써보세요. 숨이 잘 느껴졌는지, 감각이 잘 느껴졌는지 어떤 것이든 좋아요.

ex. 가슴에 코가 달렸다고 상상하니, 숨이 가슴에서 크게 느껴지는 것이 신기했다. 호기심에 가슴에 달렸던 코를 원래 자리인 얼굴로 돌려놓는 상상을 했더니 이번엔 코끝에서 숨이 강하게 느껴졌다. 온몸으로 숨을 쉬는 감각이 자유롭고 평안할 때의 몸의 감각과 비슷해서 감정도 같이 차분해졌다.

명상 Day 2　　생각의 늪에서 발을 빼는 법

명상한 날 :　월　일

명상 도구　이름표 붙이기, 베이스캠프

이럴 때　생각이 폭포처럼 쏟아질 때
에너지가 바닥났을 때

마음 강아지　생각

"생각을 비우고 싶어서요."

멍상을 시작한 이유를 물으면 가장 많이 돌아오는 대답입니다. 여러분도 혹시 쏟아지는 생각 속에서 허우적대고 있나요? 자, 퀴즈 하나 낼게요. 생각은 없앨 수 있다? 없다? 정답은….

'없다!' 입니다. 생각은 통제할 수 없는 영역이에요. 그럼에도 우리는 생각을 지배하려고 해요. '아, 그만 생각해야지!' 하고 고개를 좌우로 흔들어도 그 생각이 스멀스멀 또 올라오잖아요.

명상은 생각을 다루는 새로운 방법을 알려줘요. 생각의 내용에 빠지지 않고 생각을 '생각'으로만 바라보는 거예요. 생각으로 머리가 어질어질할 때는 뒤로 한 발짝 물러서세요. 그럼 내 위에 생각의 폭포가 쏟아지고 있는 모습이 보일 거예요. 아주 작은 한 발짝이지만, 커다란 자유가 시작되는 멋진 순간이랍니다.

우리는 명상으로 그 한 발짝을 만들 거예요. 이름표 붙이기와 베이스캠프를 사용해 생각의 개수를 세면서요.

멍-팁!

생각의 개수는 중요하지 않아요. 내가 생각을 알아차리기 시작했다는 것이 중요해요. 개수를 잊어버려도 괜찮아요. 다시 시작하면 되니까요. 부드럽게 개수를 세어보세요.

읽으며 명상

1. 10~15분 후로 명상 종료 알람을 설정합니다.

2. 편한 자세를 하세요.

3. 들숨과 날숨을 알아차리며 호흡에 베이스캠프를 짓습니다.

4. 생각에 주의를 뺏겼다면 그 사실을 알아차리세요. 다정한 태도로요. 생각에 빠진 순간의 느낌과 생각하는 나를 알아차린 순간의 느낌은 달라요. 그 차이를 명확하게 인식하세요. 그러면 무겁고 두려웠던 생각이 갑자기 시시하게 느껴지기도 합니다.

5. 생각의 개수를 셉니다. 생각 하나, 둘, 셋. 중간에 숫자를 잊으면 다시 하나부터 시작하면 돼요. 숫자를 세는데 압박을 가질 필요는 없어요. 개수는 그저 생각을 알아차리기 위한 도구일 뿐이니까요.

6. 호흡에 지은 베이스캠프로 돌아오세요. 주의를 숨에 둡니다.

7. 다시 4, 5, 6번을 반복합니다.

8. 명상 종료 알람이 울리면 서서히 눈을 뜹니다.

들으며 명상

▷ day 2 **생각의 늪에서 발을 빼는 법**

네이버 오디오클립에서 오디오 가이드를 들으며 명상해요.

생각이 일어났다면 개수를 세어봅니다.
어? 이거 생각이네?
'하나' 하고 다시 숨으로 돌아오세요.

생각의 개수를 세어봅니다.
'둘' 혹은 '셋'
이런 식으로 개수를 이어갑니다.

'이것도 생각인가?' 하는 것도 생각이죠.
개수를 세어봅니다.

중간에 개수를 잊어버리셨나요?
괜찮아요.
처음부터 다시 세면 됩니다.

숫자가 중요한 것은 아닙니다.
중요한 건 내가 드디어 생각에서
빠져나올 수 있게 되었다는 거죠.

명상 매듭 짓기

숨은 어때요?

몸은 어때요?

마음은 어때요?

기분 나쁨	——+——	기분 좋음
기운 없음	——+——	활기참
우울	——+——	명랑
불안	——+——	편안
조급함	——+——	여유
미움	——+——	사랑
화	——+——	친절
불만	——+——	감사

오늘의 알아차림,

나에게 해주고픈 말은?

명상 Day 3 생각을 바라보는 다른 방식

멍상한 날 : 월 일

명상 도구 베이스캠프, 이름표 붙이기

이럴 때 "NO"라는 대답에 지쳐 나를 의심하게 될 때
자꾸 무언가를 판단하려고 할 때
스스로가 부정적으로 느껴질 때

마음 강아지 생각

이번에 할 명상은 생각에 이름을 붙이는 거예요. 이렇게 하면 생각을 대상화할 수 있어요. 생각을 관찰할 수 있다는 거예요. 관찰한다는 건 내가 생각에 휘말리지 않았다는 뜻이기도 해요. 생각이 만든 구렁텅이에 빠지는 대신 이름표를 붙이고 지금까지와는 다른 방식으로 바라보면 마음이 한결 편안해져요. 생각은 생각일 뿐, 실재하는 사건이 아니잖아요.

마음 강아지 생각이, 기억나시죠? 생각이는 뛰어난 연출가이기도 해서, 무대 위에서 그 모습을 뽐내기 시작하

면 우리는 그걸 실제라고 믿어버리기 쉬워요. 오늘 우리가 할 명상은 생각이 만든 연출이 절정으로 치닫는 걸 막아줄 겁니다.

이 명상은 내가 무엇을 믿는지 알아차리는 연습이기도 해요. 일터에서 "NO"를 너무 많이 듣다 보면 지치잖아요. 그 지친 틈을 타 온갖 생각이 쏟아지곤 합니다.

'사수가 워낙 가감 없이 말하는 정확한 스타일이고, 일을 사소한 것부터 세심하게 챙기는 편이라서 그래. 그런데 솔직히 이게 내가 원래 맡은 일도 아니고, 회사 사정으로 이중삼중으로 떠맡게 된 역할을 이 정도로 커버하는 건 잘하는 거 아닌가. 아님 내가 진짜 능력이 없나. 이렇게 생각하는 것도 다 내가 무능해서 그런 거겠지. 난 일을 못해.'

이럴 때 생각에 빠졌다는 것을 알아차리세요. 그러고는 '자책, 의심'이라고 이름표를 붙여봅니다. 자꾸 돌아오는 생각 밑에는 내 생각을 관통하는 핵심 믿음이 도사리고 있어요. 그때 '나는 지금 뭘 믿고 있을까?'라고 스스로에게 다정하게 물어보면, '나는 무능하다'라는 의외의 답을 들을 수도 있습니다. 이런 핵심 믿음이 있으면, 일터에서의 피드백이 내가 하는 '일'에 주어지는 것이라도 자꾸 나라는 인간에게 하는 말로 들리는 것이지요.

읽으며 명상

1. 눈을 감고 호흡에 베이스캠프를 짓습니다.

2. 불현듯 생각에 빠진 나를 알아차립니다. 생각은 나의 내면에 일어났다 사라지는 하나의 사건일 뿐입니다.

3. 생각에 이름표를 붙입니다. '걱정, 회상, 계획.'

4. '나는 지금 무엇을 믿고 있지?' 나 자신에게 묻습니다. 수많은 생각 아래에 깔린, 나의 핵심 믿음을 찾아봅니다.

멍-팁!

생각을 한 겹씩 벗기다 보면, 그 안에 핵심 믿음이 숨어 있는 경우가 많아요. '나는 절대 이걸 할 수 없어. 나는 혼자야. 나는 사랑받지 못할 거야. 나는 또 무시당할 거야.' 이런 믿음은 나에 대한 것일 수도 있고, 상황이나 타인에 대한 것일 수도 있어요. 호기심을 갖고 물으세요. 돌아오는 답이 없어도 괜찮습니다.

5. 호흡에 지은 베이스캠프로 돌아가 다섯 번의 호흡을 관찰합니다. 다정하게 지금 여기로 주의를 가져옵니다.

6. 멍상 종료 알람이 울리면 서서히 눈을 뜹니다.

멍-팁!

이 멍상은 생각을 내 머릿속 하나의 사건으로 인식하는 연습이에요. 계속 강조하지만 생각은 실재하지 않아요. 그런 의미에서 생각은 '거의' 아무것도 아니랍니다!

들으며 명상

▷ day 3 생각을 바라보는 다른 방식

'네이버 오디오클립'에서 오디오 가이드를 들으며 명상해요.

생각은 항상 떠오를 겁니다.
생각이 생각이었음을 알아차렸을 때
가볍게 '생각, 생각'
이렇게 이름표를 붙입니다.

생각임을 알아차렸을 때,
생각의 볼륨이 잦아드나요? 더 커지나요?

다정하게 숨에서 다시 시작하세요
계속해서 이런저런 생각이 일어날 때 당황하지 말고
'생각, 생각'

단순하게 이름표를 붙여봅니다.
이름표를 붙인 후에는 숨으로 돌아옵니다.

주변 소리를 들으면서 천천히 눈을 뜹니다.
내가 있는 곳을 둘러보세요.

명상 매듭 짓기

숨은 어때요?

몸은 어때요?

마음은 어때요?

기분 나쁨	기분 좋음
기운 없음	활기참
우울	명랑
불안	편안
조급함	여유
미움	사랑
화	친절
불만	감사

오늘의 알아차림,

나에게 해주고픈 말은?

명상 Day 4 나를 가장 편안하게 하는 곳 찾기

명상한 날 : 월 일

명상 도구 베이스캠프

이럴 때 일상이 무료하다고 느껴질 때
설거지하기, 세탁 기다리기가 지루할 때
초보 명상가라서 마음 운동이 아직은 어색할 때

마음 강아지 감각이

오늘은 나를 편안하게 하는 감각을 찾는 명상을 할 거예요. 다섯 가지 감각, 즉 오감을 활용해서요. 오감은 항상 '지금 여기'에 존재합니다. 명상에 오감을 활용하는 이유가 이 때문이죠. 이번 명상은 초보 명상가가 시도하기 딱 적합한 마음 운동이랍니다.

소리, 냄새, 촉각, 미각, 시각 중에 내가 가장 편안하다고 느끼는 감각을 찾아보세요. 유난히 집중이 잘되는 곳 말예요. 오감을 쓰는 명상이라고 해서 모든 감각과 만나지 않아도 됩니다. 가장 편안한 감각을 하나 선택해 오래 머물러도 좋습니다.

저는 유난히 청각에 집중이 잘 돼요. 생각이 저 멀리 북극까지 달려가다가도 주변에서 들려오는 소리에 주의를 기울이게 되면, 저절로 지금 여기로 돌아옵니다. 두 발을 땅에 딛고 있는 느낌이 들죠. 함께 명상하며 나와 맞는 감각에 베이스캠프를 지어볼까요?

읽으며 명상

1. 15분 후로 명상 종료 알람을 설정합니다.

2. 편한 자세를 취하세요.

3. 앉아 있다는 느낌에 집중합니다. 앉아 있다는 건 어떤 느낌인가요? 바닥과 닿아 있는 내 몸의 느낌, 온도, 촉감… 중력이 내 몸을 끌어당기는 느낌에 집중하세요.

4. 생각에 주의를 뺏겼다면 그 사실을 알아차리세요. 그리고 집중하고 있던 몸의 감각으로 다정히 돌아옵니다. 이 과정은 필요할 때마다 반복합니다.

5. 지금 이곳의 소리를 알아차리세요. 저 멀리서 들려오는 자동차 오가는 소리부터 내가 숨 쉬는 소리까지 판단하지 않고 들어보세요. 생각에 주의를 뺏기면 4번을 반복합니다.

6. 주의를 냄새에 둡니다. 어떤 냄새가 나는지 다정하게 알아차립니다. 생각에 주의를 뺏기면 4번을 반복합니다.

7. 감은 눈 사이로 들어오는 빛에 주의를 둡니다. 눈을 뜨지 않은 채로 느껴지는 것들을 알아차립니다. 생각에 주의를 뺏기면 4번을 반복합니다.

8. 주의를 손의 감각에 둡니다. 열감, 떨림, 박동… 그 무엇이든 손에서 느껴지는 감각에 집중합니다.

9. 멍상 종료 알람이 울리면, 눈을 뜨고 지금 이곳으로 돌아옵니다.

들으며 명상

▷ day 4 **나를 가장 편안하게 하는 곳 찾기**

'네이버 오디오클립'에서 오디오 가이드를 들으며 명상해요.

가장 가까이로는 내 숨소리부터,
내가 있는 공간에서 들려오는 소리,
문밖에서 들려오는 소리까지 천천히 귀에 담아봅니다.

낯선 공간에 계신다면 익숙한 소리를 발견할 수도 있고
익숙한 공간에 계신다면
'아 여기서 이런 소리가 들리는구나' 하고
새삼 깨달을 수도 있어요.

이제 냄새를 맡아볼게요.
냄새, 향에 집중합니다.
어떤 냄새가 나나요?

아무 냄새가 안 나면 그저 아무 냄새도
안 나는 것을 알면 돼요.
억지로 무언가를 느끼려고 애쓰지 않습니다.

왈이가 보내는 편지

이 맛에 명상하지

명상은 나무와 같아요. 새싹에서 묘목이 될 때까지는 줄기도, 뿌리도 약해서 보살핌이 필요하죠. 하지만 시간이 지나 어엿한 나무가 되면 웬만한 비바람도 견디고, 여러 동물들의 보금자리가 되어주잖아요. 그림자도 내어주고요. 명상도 처음 시작할 때는 꾸준히 연습하며 공을 많이 들여야 하는데, 어느 순간이 되면 명상이 나를 지켜주는 때가 와요.

저도 처음에는 명상이 고행 같았어요. 주의가 제멋대로 떠도는 걸 바라보는 게 힘들었고, 오랜 시간 앉아 있는 것도 낯설었고요. 명상을 하고 난 뒤 당장 드라마틱한 변화가 느껴지지도 않았어요. 하지만 힘들 때는 지푸라기라도 잡는 마음으로 기를 쓰고 명상을 했으니, '일단 믿어보자'는 심정이었던 것 같아요.

그때가 작은 명상 새싹에 물을 주는 시간이 아니었을까 싶습니다. 이 지난한 과정을 거쳐야만 새싹이 하루아침에 나무가 되는 게 아니라는 걸 받아들일 수 있는 것 같아요. 너무 잘하겠다는 욕심, 단번에 뭔가를 이뤄내려는 마음을 탈탈 털어냈어요. 무슨 일이든 힘을 빼야 오래 할 수 있잖아요.

이제 저에게 명상은 힘든 일이 있을 때 찾는 게 아니라, 일상의 일부가 됐어요. 정말 좋아서 하거든요. 명상이란 행동을 할 때의 평온하고 충분한 느낌이 좋아요. 가끔 아주 순수한 주의를 느낄 때도 좋아요. 내면이 깨끗하게 비어 있음을 알아차리는 순간도 꽤 근사하고요. 저는 이 맛에 명상해요.

명상가들 중에는 수영을 좋아하는 분들이 많아요. 열심히 물에서 헤엄치다 나오면 몸이 노곤해지는 느낌이 좋대요. 어떤 분은 물속에 들어가면 대화를 할 수 없어서 좋대요. 조용하고 평온하대요. 다들 각자가 빠진 수영의 맛이 있겠죠. 명상에도 각자의 맛이 있을 거예요. 명상이 고행이 아니라 맛있는 일, 즐길 수 있는 일이 되면 우리는 계속할 수 있을 거예요.

명상 Day 5 내 몸과 마음의 거리 좁히기

명상한 날 : 월 일

명상 도구 바디스캔

이럴 때 몸과 마음이 굳어 있다고 느꼈을 때
자기 전 몸을 이완하고 싶을 때
평정심을 유지하기 힘들 때

마음 강아지 감각

명상에서 중요한 것 중 하나가 몸입니다. 몸은 항상 '지금 여기'에 있어요. 주의를 몸에 두면 마음은 저절로 지금 여기에 도착해요. 오늘 할 명상은 바디스캔을 활용해 내 몸과 더 친해지는 마음 운동이에요.

바디스캔을 처음 한다면, '들으며 명상'으로 오디오 가이드를 들으며 명상하는 걸 추천해요. 들려오는 목소리에 따라 몸 구석구석에 주의를 둬보세요. 각 부위에 주의를 둘 때, 몸 마디마디에 들어간 힘과 긴장을 모두 내려놓으세요. 한 부위에 너무 짧게 혹은 길게 머무르지 않습니다.

이 명상에는 재밌는 특징이 있어요. 발바닥을 스캔할 때는 발바닥의 감각에만 주의가 100% 쏟아지는데요. 그러다 어깨를 스캔하면 발바닥의 감각은 온데간데없이 사라진답니다. 신기하죠? 바디스캔의 힘인 주의의 특성이지요. 주의는 감각을 한 번에 하나만 느낄 수 있거든요.

처음 바디스캔을 할 때는 이런 게 잘 느껴지지 않을 거예요. 괜찮아요. 자연스러운 현상입니다. 자책하거나 의심하지 마세요. 평정심을 유지하며 '잘 안 느껴질 수도 있지. 그래, 다음!' 하고 넘어가세요. 멈추지 말고 다음 부위 스캔으로 넘어가세요. 예리하게 감각을 알아차리는 것보다 내 마음의 평정심이 중요해요. 자, 읽고 들으며 명상해볼까요?

읽으며 명상

1. 20분 후로 명상 종료 알람을 설정합니다.

2. 편한 자세를 하세요.

3. 호흡의 베이스캠프에서 들숨과 날숨을 알아차립니다.

4. 마음이 고요해지면 내 몸의 가장 낮은 곳인 발바닥에 주의를 둡니다. 발바닥에서 느껴지는 다양한 감각을 있는 그대로 느껴보세요. 열기, 냉기, 가려움, 압박감, 피로감.

5. 생각에 주의를 뺏겼다면 그 사실을 알아차리세요. 그리고 집중하고 있던 몸의 감각으로 다정히 돌아옵니다. 이 과정은 명상 중 생각에 빠질 때마다 반복합니다.

6. 발바닥에서 발목, 발목 위의 정강이, 정강이 뒤의 종아리, 종아리 위의 무릎으로 주의를 서서히 위로 옮깁니다. 각 부위에서 느껴지는 감각에 주의를 둡니다.

7. 허벅지와 엉덩이가 바닥에 닿은 부분의 무게감을 느껴봅니다. 그다음 하체 전체의 감각을 느껴봅니다.

8. 이번엔 주의를 배에 둡니다. 옷과 배의 접촉을 느낍니다.

9. 주의를 위로 끌어올려 가슴이 오르락내리락하는 모양을 느껴봅니다.

10. 등에 주의를 둡니다. 주의를 등에서 어깨, 어깨에서 팔, 팔에서 손 순으로 옮기며 각 부위의 감각에 집중합니다.

11. 주의를 얼굴 전체로 옮깁니다. 턱의 긴장감, 굳게 다문 입술, 그 안의 치아와 혀. 불필요하게 힘이 들어간 곳이 있다면 긴장을 모두 내려놓습니다. 코와 눈꺼풀, 눈꺼풀이 눈알을 덮은 느낌, 두피와 정수리의 느낌도 알아차립니다.

12. 명상 종료 알람이 울리면 지금 이곳으로 천천히 돌아옵니다.

들으며 명상

▷ day 5 **내 몸과 마음의 거리 좁히기**

'네이버 오디오클립'에서 오디오 가이드를 들으며 명상해요.

내 몸의 가장 낮은 곳인 발바닥을 느껴봅니다.
발바닥의 느낌이 어떠세요?
신발을 신고 있다면
신발 안의 온도를 느껴볼 수도 있습니다.

이제 발목, 발등, 발 전체를 느껴봅니다.
정강이와 종아리, 허벅지를 느껴보세요.
다리 전체를 느낍니다.
다리의 무게감과 길이감을 느껴보세요.

상체로 올라갑니다.
단단한 골반을 느낍니다.
내가 편안하게 앉을 수 있도록 돕는
엉덩이 근육도 느껴보세요.

아무것도 바꾸려고 하지 말고 있는 그대로 느껴봅니다.
뭐든지 괜찮아요.

명상 매듭 짓기

숨은 어때요?

몸은 어때요?

마음은 어때요?

기분 나쁨	——+——	기분 좋음
기운 없음	——+——	활기참
우울	——+——	명랑
불안	——+——	편안
조급함	——+——	여유
미움	——+——	사랑
화	——+——	친절
불만	——+——	감사

오늘의 알아차림,

나에게 해주고픈 말은?

명상 Day 6 감정 다루는 법

명상한 날 : 월 일

명상 도구 베이스캠프, 이름표 붙이기

이럴 때 일상을 건강하게 만들 루틴이 필요할 때
감정이 버거울 때
기억할 수 있다면 언제 어디에서나!

마음 강아지 감정

"감정에 휘말리고 싶지 않아요"

많은 분들이 명상을 시작한 이유 중 하나입니다. 감정이 일어나는 것은 어찌할 수 없지만요, 그 감정과 나의 관계는 얼마든지 바꿀 수 있어요.

수치심이란 감정을 예를 들어볼까요. 우리는 '수치심? 절대 싫어, 진짜 싫은 감정이야' 이런 태도로 감정을 대할 수도 있고요, '수치심도 감정이라 스쳐지나갈 거야. 사실 인간이라면 누구나 경험하는 감정이지. 소속되고 싶고,

사랑받고 싶은 기본적인 욕구에서 비롯된 거니까' 이렇게 바라볼 수도 있죠.

감정을 대하는 태도가 다르죠? 찾아오는 감정 자체는 제어할 수 없지만, 어떻게 대할 것인가는 우리가 정할 수 있습니다. 오늘 우리가 할 명상은 있는 그대로의 감정을 마주할 수 있게 하는 마음 운동입니다. 똑같은 감정을 느껴도 내가 얼마나 열린 마음으로 대하는가에 따라 감정이 주는 영향에 차이가 생길 거예요.

일상에서 감정이 나의 행동, 특히 선택에 무의식적으로 개입하는 경우가 많습니다. 반면 감정에 이름표를 붙이는 이번 명상처럼 감정을 알아차리는 행동은 우리 스스로가 감정에 선을 긋는 거예요. '너는 여기까지야. 지금부턴 내가 할게'라고 감정에게 말하는 거죠. '내가 지금 어떤 상태구나'라는 것을 인지하고 상황을 바라볼 수 있다면 감정에 시야가 흐려지지 않고, 내가 행동을 선택하고 결정할 수 있겠죠.

멍-팁!

이번 명상은 습관으로 만들면 좋아요. 우리가 앞으로 해야 할 수많은 결정에 감정이 앞서지 않도록 도와주거든요. 특히 출퇴근길 습관으로 추천합니다.

읽으며 명상

1. 나에게 '마음이 어때?' 물어봅니다.

2. 지금 어떤 감정을 느끼는지, 감정에 구체적으로 이름표를 붙여줍니다.

우리는 흔히 감정을 두루뭉술하게 '기쁘다!' '화가 난다!' '불쾌하다!' 정도로 느끼지만, 실제로는 셀 수 없이 다양한 감정들이 있어요.

열중하고 있지만 갑갑하고, 감사하면서도 복잡하고, 멋쩍으면서도 신나고, 억울하면서 슬플 수도 있어요. 불쾌함 안에 심심함이 있을 수도, 심심하면서 평화로울 수도 있겠죠. 감정의 다양한 어휘를 익혀두면, 내 마음을 더 세심하게 느끼고 알아차릴 수 있어요.

멍-팁!

감정 어휘를 익히고 싶을 때는 248쪽 '마음 단어 주머니'를 참고하세요.

3. '그랬구나, 그랬구나' 하고 내 마음을 내가 먼저 알아봐주세요. 아무 말 없이 친구 곁을 지키듯, 그저 마음 곁

에 머무릅니다. 만약 내가 내 곁에 있다는 것을 상상하기 어렵다면, 내가 가장 아끼고 믿는 사람이 내게 "그랬구나, 그랬구나" 말을 건네는 장면을 상상하셔도 됩니다.

4. 나를 위해 미소를 짓습니다. 두 손을 가슴 위에 얹고 손의 따뜻한 온기와 무게감을 느껴봅니다. 이 감각에 충분히 머무르세요. 어두운 방에 촛불을 켜면 빛이 퍼져나가듯 조금씩 온기가 전달되는 걸 느낄 수 있을 거예요.

5. 외부에서 만족을 느끼는 게 아니라, 이 시간을 통해 내 안에서 온 만족을 온전히 느끼며 명상을 마무리합니다.

들으며 명상

▷ day 6 **감정 다루는 법**

'네이버 오디오클립'에서 오디오 가이드를 들으며 명상해요.

피할 수 없는 생각이나 감각이 떠올랐다면,
그때가 기회입니다.
평소와는 조금 다르게 해보세요.

아, 그래. '생각, 생각.'
아, 그래. '감정, 감정. 불안, 불안. 두려움, 두려움.'
이름표를 붙여봅니다.

그리고 다시 오르락내리락하는 숨으로 돌아오세요.

머릿속에서 일어나는 일을 그대로 바라보세요.
바꾸려고 하지 말고 그냥 두세요.

이 과정을 반복합니다. 바라보고, 숨으로 돌아오고.
계속해서 몸의 무게감을 잊지 마세요.

그래, 생각 생각. 생각이구나.
그래, 감정 감정. 감정이 찾아왔구나.

이름표를 붙이니 어떻게 되나요?

명상 매듭 짓기

숨은 어때요?

몸은 어때요?

마음은 어때요?

기분 나쁨	기분 좋음
기운 없음	활기참
우울	명랑
불안	편안
조급함	여유
미움	사랑
화	친절
불만	감사

오늘의 알아차림,

나에게 해주고픈 말은?

멍상 Day 7 마음의 품 넓히기

멍상한 날 : 월 일

멍상 도구 베이스캠프, 상상하기, 만트라

이럴 때 감정이 내 주인이 되어버린 것만 같을 때
불안, 분노 등 나를 압도하는 감정이 있을 때
언제 어디에서나!

마음 강아지 감정, 감각, 생각

왜 멍상을 하시나요? 오늘의 멍상 주제는 우리가 이 책에서 제일 처음 찾았던 멍상을 하는 '의도'라고 볼 수도 있어요.

저는 행복을 느끼고 싶어서 멍상을 시작했어요. 우리는 어떨 때 행복한가요? 사람마다 다르겠지만 사랑할 때는 모두 행복할 거예요. 무언가를 좋아하고 사랑을 느낄 때요. 오늘은 멍상을 통해 우리 안에 있는 사랑 세포들을 하나하나 다 깨워보려고 해요.

먼저 나의 행복을 빌어주고, 그다음 사랑하는 사람의 행복을 빌어볼 거예요. 우선 내가 나의 행복을 빌어줄 때의 몸의 느낌에 집중하세요. 어쩐지 조금 어색한 기분을 느낄 수도 있고 어쩌면 입가에 저절로 미소가 지어질 수도 있어요. 다음은 내가 정말 아끼는 존재 차례입니다. 친구, 가족, 연인, 반려동물, 반려식물… 어떤 존재든 좋아요. 내가 아끼는 존재를 내 앞에 상상으로 불러두고 내 안의 사랑을 꺼내 전해보세요.

그때 내 몸의 감각을 느껴보세요. 누군가의 행복을 빌어주는 느낌이 나에게 어떤 행복을 가져다주는지 경험해 봅니다. 이제 곧 해보면 알게 되겠지만, 누군가의 행복을 진심으로 바랄 때 제일 먼저 행복해지는 사람은, 바로 나 자신이랍니다.

멍-팁!

이렇게 감정을 감각으로 느끼는 연습은 감정이라는 블랙홀 속으로 빨려들어가는 걸 막아주기도 해요. 강한 감정이 올라와 마음이 힘들 때는 몸에서 느껴지는 감각을 찾아가세요!

읽으며 명상

1. 편안하게 앉습니다. 눈가, 입가에 들어간 힘을 풀고 눈을 감아요.

2. 멍상하려고 앉아 있는 나를 멀리서 바라본다고 상상하세요.

3. 마음속으로 다음 만트라들을 외워보세요. '내가 행복하기를. 내가 건강하기를. 내가 안전하기를. 내가 고통에서 자유롭기를' 이렇게 말해줄 때 지금 내 몸은 어떤 느낌인가요? 내 몸에 주의를 두세요.

4. 방금 외운 만트라 중 가장 와닿는 것을 나의 베이스캠프로 정해두고, 계속해서 그 만트라로 돌아오세요. '내가 행복하기를. 내가 행복하기를.' 무엇을 느끼든 이상한 게 아닙니다.

5. 이번에는 내가 정말 사랑하는 사람 혹은 사랑하는 존재를 떠올려봅니다. 가족, 친구, 연인, 동료, 반려동물, 반려식물. 어떤 존재든 좋아요. 마음속에 딱 떠오르는 존재가 있나요? 너무 고민하지 말고 그 존재를 상상으로 방석 앞에 데려옵니다.

6. 이번에도 마음속으로 만트라를 외워보세요. '당신이 행복하기를, 당신이 건강하기를, 당신이 평온하기를, 당신이 고통에서 자유롭기를' 지금 내 몸은 어떤가요? 내 몸에 일어나는 감각들을 느껴봅니다. 이 과정을 반복합니다.

7. 마지막으로 내게 묻습니다. '마음이 어때?' 있는 그대로의 내 마음을 경험해보세요.

8. 숨으로 돌아오세요. 처음보다 숨이 좀 깊어지고 편안해지셨나요. 천천히 명상을 마무리합니다.

들으며 명상

▷ day 7 **마음의 품 넓히기**

네이버 오디오클립에서 오디오 가이드를 들으며 명상해요.

오늘도 이렇게 나 자신을 위해 시간을 내셨네요.
멍상하려고 앉아 있는 나를 바라봅니다.

멀리서 나를 본다고 상상해보세요.
그리고 이렇게 말해줍니다.
마음속으로 따라해보세요.

'내가 행복하기를, 내가 건강하기를,
내가 평온하기를, 내가 고통에서 자유롭기를.'

지금 내 몸은 어떤 느낌인가요? 다시 한번 말해볼게요.

'내가 행복하기를, 내가 건강하기를,
내가 평온하기를, 내가 고통에서 자유롭기를.'

아직은 조금 어색할 수도 있어요. 괜찮아요.
내가 나에게 사랑과 연민을 베풀려면 연습이 필요해요.

왈이가 보내는 편지

나, 명상 잘하고 있는 걸까

이쯤 되면, 지금 내가 명상을 제대로 잘하고 있는 건지 체크해보고 싶으실 거예요. 왈이의 마음단련장에서 가장 많이 받는 질문 중 하나가 "제가 제대로 하고 있는 걸까요?" 이거든요. 마음은 눈에 보이지 않으니 답답하죠.

명상을 제대로 하고 있는지는 '반응react'의 정도로 확인할 수 있어요.

예를 들어볼게요. 집중이 안 될 때, 불쾌한 감각이나 감정이 올라올 때 판단, 자책, 혐오와 같은 반응이 전보다 덜 느껴지나요? 불편한 감각에도 자리를 내어줄 수 있나요? 반대로 집중이 잘 유지될 때와 같이 기쁜 감각이 일어날 때 그 경험을 억지로 붙잡으려 하거나 집착하지 않을 수 있나요?

어떤 경험에도 평정심을 유지할 수 있다는 것은 명상으로 마음이 튼튼해지고 있다는 결정적인 증거예요! 특히 전보다 호흡이나 몸 곳곳의 감각이 더 잘 느껴지더라도, 잘 느껴진다는 사실에 집착하고 있다면 내 명상 상태를 점검해볼 필요가 있겠습니다.

명상을 할 때 무언가를 알아차리는 힘의 정도를 체크하는 것도 방법이에요. 좋아요. 예를 들어볼게요. 생각의 기차를 탔을 때 전보다 빠르게 내릴 수 있나요? 전에는 한번 생각이 들면 4, 5분 동안은 그 속에서 빠져나오지 못했던 사람이 2, 3분 만에 생각을 알아차릴 수 있다면 알아차리는 힘에 변화가 생긴 거죠. 무슨 변화냐고요?

생각을 내 머릿속 하나의 사건으로 바라보는 시야의 확장이 일어난 것이며, 주의를 담당하는 마음 근육이 단단해진 거예요. 이 변화를 충분히 축하해주세요. 명상을 계속하기 위해서는 축하하는 게 무척 중요합니다.

일상에서 마음이 지쳤을 때 단 한 순간이라도 내 몸의 감각에 주의를 두는 명상을 했다면, 그건 최소한 나의 세상에서만큼은 엄청난 일 아닌가요. 쑥스러워서 '뭐 이런 것까지 축하해' 하고 대충 넘어가지 마시고, 마음을 다해 축하해보세요.

COURSE 6

마음 운동의 훼방꾼들

멍상을 하는데 자꾸
뭐가 나타나 훼방을 놓는다고요?
당황하지 마세요.
알고 보면 다 도움이 되거든요.

명상이 잘 안 되는데, 어떻게 하죠

게임을 하면 보스 몬스터가 나타나잖아요. 강하고 위협적이지만 난이도에 부합하는 높은 경험치를 주죠. 마음 운동을 할 때도 각종 보스들이 나타납니다. 명상이 마음처럼 잘 안 된다면, 명상의 보스 몬스터들을 만났을 가능성이 커요.

여러분이 만나는 명상 보스 몬스터에는 지루 보스, 고통 보스, 저항 보스, 분석 보스, 졸림 보스가 있어요. 앞서 5코스에서 '7일 7명상 챌린지'를 하면서 적어도 이 중 하나는 이미 만나보셨을 텐데요. 어쩌면 이미 대단한 결투를 치른 뒤 항복하셨을 수도 있고요.

아직은 이 보스들이 그저 명상 훼방꾼으로만 느껴지실지 모르지만, 실은 마음 운동의 경험치를 높이는 매력적인 친구들입니다. 훼방꾼이지만, 알고 보면 훼방꾼이 아닌 거예요. 명상에 있어서 이들이 장애 요소나 방해물이 아니라는 점을 유념해주세요.

이번 코스에서는 명상 훼방꾼의 탈을 쓴 보스 몬스터들을 하나하나 만나고, 이들을 다루는 스킬을 알아볼 거예요. 지피지기면 백전백승이라고, 이들을 제대로 마주할 자신이 생겨나면 마음 운동이 진짜 재밌어질 거예요.

지루 보스
"대체 왜 이렇게 지루하죠"

지루하다는 말은 듣기 어렵기도 하고, 또 어떤 의미로는 참 듣기 쉬운 말 같아요. 무슨 뜻이냐고요? 한 순간도 지루할 틈이 없어서 오히려 쉽게 지루함을 느낀다는 거예요.

일어나자마자 카톡이, 뉴스 소식이, 음악이, 영상이, 이메일이 쏟아져요. 당신이 뭘 놓치고 있다며 이곳저곳에서 떠들고, 우리는 따라가기 바쁘죠. 현실이 이렇다 보니 우리는 명상처럼 평소보다 조금이라도 속도가 느린 경험을 하면 지루하다고 쉽게 판단해요.

휴대폰을 지루함에서 도망치기 위해 만들어진 기계라고 생각하고 들여다보세요. 매끄러운 설계에 입이 떡 벌어질 걸요. 시선이 좀 더 머물도록 애쓴 UI, 화려한 콘텐츠, 온갖 서비스에서 쏘는 푸시 알림. 이들은 우리가 좀 더 산만해지길 바라고 있어요. 수많은 자극에 무뎌진 우리들은 점점 둔해집니다. 그래서 거칠고 강한 감각에만 반응하게 된 건 아닐까 싶어요.

명상에도 지루함이 나타납니다. 가만히 앉아 있으니 시간은 안 가고, 아무런 변화도 없다고 생각하게 되지요. '명상은 지루해!'라고 느끼는 거예요.

이름 | 지루 보스

소개 | 날 자극할 수 있다고 생각하니

필살기 | 명상 중 자리 박차기 기술

특징 | 미세한 변화와 자극 못 알아챔

마라탕 좋아함

매운맛, MSG 애호가

속도광, 트렌드 세터, 디지털 러버

지루 보스가 나타났습니다. 지루 보스가 찾아오면 우리는 명상의 미세한 변화, 섬세한 자극을 알아차리지 못해요. 매번 밖에서 조미료 잔뜩, 향신료 가득, 소금 한 움큼, 고추기름 콸콸 부은 마라탕을 먹으면 집밥의 섬세한 맛은 잘 느껴지지 않는 것이 당연하듯이요.

지루함은 자극이 없어서 오는 것이 아니에요. 사실 자극은 어디에나 있어요. 지루함은 나의 무뎌진 감각 때문에 주의가 갈 곳을 잃었을 때 느끼는 거예요. 내가 재미를 발견하지 못한 거죠. 지금 하는 경험이 무엇이더라도 조금만 더 섬세하게 주의를 기울이면 새로운 면을 찾을 수 있어요.

아날로그 시계를 오랜 시간 쳐다본 적 있나요? 아마 1분도 흐르기 전에 정신이 다른 데 팔릴 거예요. 시계처럼 정확히 예측 가능한 방식으로 움직이는 것을 관찰하는 일은 어렵거든요. 지루하니까요.

호흡도 이와 비슷해요. 호흡은 들숨과 날숨으로 이루어진 규칙적인 몸의 작용이죠. 호흡 명상에서는 지루 보스가 자주 등장합니다. 하지만 우리 몸은 기계가 아니잖아요. 호흡은 시계의 움직임과는 다르게, 한 호흡을 관찰하더라도 들숨과 날숨에 미세한 변화가 있죠.

코에서 호흡을 느끼는 것이 지루하다면, 좀 더 좁은 곳에 주의를 둬보세요. 단순히 '코 어딘가'가 아니라 '인중을 스치는 숨의 느낌, 코끝, 코 앞의 내벽, 코 깊숙한 곳' 이런 식으로요. 그리고 주의를 두는 위치를 조금씩 바꿔가는 거예요. 아예 코가 아니라 배나 가슴으로 주의를 옮겨도 호흡을 관찰할 수 있어요.

관찰할 수 있는 위치도 이렇게 다양하지만, 관찰할 대상도 셀 수 없이 많아요. '좋아, 이번에는 들숨과 날숨의 길이에 주의를 둘까' '이젠 숨의 깊이와 온도 변화에 주의를 두자' 이런 식으로요. 매번 관찰 대상이 달라지는 걸 경험해보세요.

고통 보스
"맨홀 밑에 숨는다고 도로가 뚫리나요?"

멍상을 하다 보면 이런저런 고통들이 소리쳐요. 몸에서 느껴지는 고통이 가장 흔해요. 다리 저림, 허리 통증, 어깨의 무거움. 고통 보스가 나타난 거예요. 이런 고통들이 느껴지면 갑자기 건강 프로그램에서 떠드는 현대인의 질환들이 떠오르잖아요. 몸에 문제가 있나 걱정되기 시작하고요. 몸이 그만하라고, 나 아프다고 외치니 그걸 핑계로 오늘은 멍상을 쉬고 싶어지죠.

사실 이건 아주 자연스러운 현상이에요. 멍상을 제대로 하고 있어서, 즉 도망가지 않았기 때문에 고통을 느낄 수 있는 것이니까요.

멍상 전에 고통 보스가 찾아온 적이 없었다면, 그동안 내가 내 몸의 소리를 제대로 들어준 적이 없었던 거예요. 전에는 곧은 자세가 불편하면 곧장 평소 편하게 느끼는 자세로 빠져나왔는데, 멍상을 할 때는 그럴 수 없으니 처음으로 고통을 마주하게 된 겁니다.

이름 | 고통 보스

소개 | 숨바꼭질 왕

필살기 | 눈 가리고 아웅

특징 | 제대로 보면 생각 이상으로 강렬함

저항하면 더 커짐

두려움과 절친한 사이

사실은 우리 모두 가진 것

고통 보스는 감정을 바라볼 때도 나타나요. 심리학 용어로는 '방어 기제'라고 하는데요. 불안, 분노와 같은 어려운 감정을 관찰할 때 막연한 두려움이나 의도적 무관심이 생겨나는 거예요. 이때 잠으로 빠지는 경우도 있어요. 잠 속으로 도망쳐 감정을 피하는 거죠.

멍상을 하면 감정을 그대로 마주하게 돼요. 고통스러운 감정이 있으면 멍상을 그만두고 싶단 마음의 바람이 세차게 불어옵니다.

평소 같았으면 고통스러운 감정이 일어나면 자연스럽게 도망갔을 거예요. 저는 이걸 '맨홀'에 들어간다 표현해요. 저의 맨홀은 인스타그램과 미드 시청이에요. 고통이 일어나면 저는 이 맨홀로 들어가더라고요. 누구나 저마다의 맨홀이 있어요. 누군가에게는 친한 친구에게 전화로 하소연하기가 맨홀이고, 또 다른 누군가에게는 더 열렬히 일하기가 맨홀일 수도 있죠.

맨홀 밑에서는 순간적으로 괜찮아지는 느낌을 받습니다. 주의를 다른 데에 두니 방금까지 느끼던 불안감이 잠시 잊혀지는 거죠. 하지만 맨홀 밑에 숨었다가 나왔다고 해서 도로 위가 마법처럼 달라져 있는 건 아니잖아요. 오히려 감정이 완전히 해소되지 않았기 때문에, 나중에 그 감정이 나타나면 불시에 습격당했다고 느끼게 되죠.

멍상이 현실에서 오는 일차적인 고통을 없애줄 순 없어요. 뭔가 조치를 취하지 않으면 몸은 계속 아플 거고, 부장님은 계속 젠더 감수성 떨어지는 발언을 할 거고, 아빠와는 가치관의 차이로 계속 부딪힐 테지요.

고통은 우리 삶에 앞으로도 계속 있을 거고, 그건 우리가 통제할 수 없다는 것을 먼저 받아들여야 합니다. 여기서 그친다면 염세적이라고 비난 받을지도 모르겠습니다. 저는 '현실적'이라는 말이 더 적당하다고 생각하지만요.

하지만 명상을 하면 이차적인 고통을 줄이는 방법을 배울 수 있어요. 고통에 대한 흥미로운 공식을 하나 소개하고 싶어요. '고통 × 저항 = 실제 느끼는 고통'입니다.

이 공식에서 우리가 해볼 수 있는 것은 저항을 최대한 줄여 1차적인 고통을 그냥 있는 그대로만 느끼는 거죠. 저항을 1로 만들어 공식에 대입하면 '고통 = 실제 느끼는 고통'이 되겠지요. 고통을 더 큰 고통으로 만들지 않는 거예요.

다리가 아플 때를 떠올려보세요. 이렇게 생각한다고 가정해볼게요. '아, 다리가 너무 아픈데? 피가 안 통해. 이러다 잘리는 거 아니야? 다리 잘리면 내가 좋아하는 달리기도 못 해. 큰일났다, 이거. 이렇게 가부좌로 앉아 있는 게 몸에 안 좋다는 소리도 있는데 명상을 도대체 왜 하

는거지?'

일차적인 육체적 고통이 자연스럽게 이차적인 정신적 고통으로 확장되고 있죠? 그리고 존재하지도 않는 이야기를 만들어냈어요. 이야기가 계속될수록 마음에는 공포와 의심, 불안이 찾아옵니다. 그냥 일차적 고통 그대로에서 끝날 수 있었던 것이었는데요.

그뿐인가요. 겨울이 오면 겨울이 너무 추워서 싫다고 하고, 빨리 봄이 와야 한다고 투덜대죠. 봄이 오면 곧 봄이 갈 거라고 걱정하잖아요. 바보 같나요? 하지만 이게 우리의 일상적인 모습인걸요. 일차적 고통을 받아들이는 대신 그것을 미워하다가 이차적 고통을 만들어내는 거예요.

맨홀로 다시 돌아갈게요. 우리는 맨홀에 들어가기 전과 후로 찝찝함과 불안감을 느낍니다. 이런 것들이 전부 2차적인 고통이죠. 겨울에는 추운 만큼만 추우면 되고, 봄이 오면 봄의 따뜻함을 만끽하면 됩니다. 있는 그대로의 현실을 수용하고, 지금 느껴지는 것이 고통이든 기쁨이든 있는 그대로 느끼는 연습이 바로 명상입니다. 맨홀로 숨지 않아도 됩니다. 해본 적이 없어서 그렇지, 도망가지 않아도 생각보다 괜찮거든요.

고통에 대한 선입견을 깨는 것도 도움이 됩니다. 우리는 몸에 통증이 오면 고통은 싫다는 판단이 자동적으로 일어나잖아요. 그 바람에 고통은 무조건 나쁜 걸로만 알기 쉬워요.

하지만 뻐근한 느낌, 쥐어짜는 느낌, 기운이 쏙 빠지는 느낌은 '고통'이라고 표현하기에 앞서 어떤 특정한 감각일 뿐이잖아요. 맛으로 치면 약에서 나는 쓴맛처럼요. 어쩌면 이런 감각이 무조건 나쁘다는 선입견이 있어서 그것들을 '고통'으로 느꼈을지도 몰라요. 고통에 이런 선입견이 있다는 것만 알아도 고통 보스를 다루기 훨씬 쉬워집니다.

고통 보스를 다루는 또 하나의 팁이 있어요. 예전에는 고통이 없는 순간을 기본값으로 생각했다면 이제는 고통이 있는 상태를 기본값으로 생각하는 것이죠. 고통을 '없애야 하는 것'이 아니라 '잘 다루며 살아가는 것'으로 살짝 옮겨둔 것뿐인데, 마음이 훨씬 가뿐해집니다.

한번 상상해볼까요. 참다 참다 겨우 휴가를 내서 카페에 가서 밀린 책을 열심히 읽는데, 내 옆에 앉아 있는 사람은 아주 태평하게 앉아서 멍하니 창밖만 보고 있어요. '저 사람은 어떻게 이 시간에 이렇게 나와서 창밖만 보나. 돈도 많고 시간도 많아서 좋겠다!' 별의별 생각이 다 들죠. 내 막은 알지도 못하면서요.

이렇게 내 고통에만 빠져서 허우적대다 보면 옆 사람의

고통이 안 보여요. 멀쩡해 보이는 저 사람도 나름의 고충을 안고 사는 연약한 인간이라는 걸 까맣게 잊어요. 연결감이 사라지고 혼자가 되어버리죠. 나를 위해서 다른 사람의 고통을 돌아보세요. 내가 박복해서 나에게만 고통이 기본값이 되어버린 게 아니에요.

모두가 다 그렇잖아요. 각자 자리에서 크고 작은 상실을 겪으며 살아가요. 인간이라면 누구나 병들고 늙고 죽어요. 그리고 모든 것은 변해요. 그 앞에서 우울하고 불안하지 않은 사람이 있을까요?

그렇다고 누구나 다 아프니까 내 고통은 아무것도 아니라는 뜻이 아니에요. 우리 모두 불완전하고 연약하다는 것을 받아들이자는 거예요. 그러면 고통으로 대동단결이죠! 모두 연결되어 있어요. 내가 내 고통과 관계 맺는 방식을 바꾸면, 세상과 관계 맺는 방식도 바뀐답니다.

저항 보스
"못 참아!"

오랜만에 차를 끌고 나왔는데 도로가 꽉 막혔어요. 아무리 빵빵거려도 길이 뚫리지 않아요. 너무 답답한 나머지 급기야 차에서 내려서 앞차를 온 힘을 다해 밀기 시작합니다. 어때요? 차는 끄덕도 하지 않습니다. 자동차들 사이에서 두 손을 허리에 올린 채 씩씩거리는 한 사람이 서 있을 뿐입니다.

명상 중에 하고 싶지 않은 생각이나 감정이 일어났나요? '안돼! 그만! 저리 꺼져!'라고 말하고 싶을 만큼 싫은 것들이 나타날 수 있어요. 이것들을 빨리 해치워버리고 싶습니다. 저항 보스가 나타난 거예요. 하지만 이렇게 저항하면 저항할수록 내가 느끼는 고통은 배가 됩니다. 저항은 더 큰 고통을 불러일으켜요.

명상이 일어난 일을 바꿀 수는 없지만 일어난 그대로 바라볼 수는 있어요. 저항 보스가 나타나면, 무엇이 일어나든 판단과 편견 없이 명확히 관찰하고 그것들이 오고가는 모습을 초연히 지켜보는 태도가 필요합니다.

이름	저항 보스
소개	못 참아, 절대 못 참아
필살기	세게 밀어버리기
특징	미간이 잔뜩 찌푸려져 있음 온갖 고통을 싫어함 가끔 욕할 수도 있음

그런데 싫은 것들은 모조리 치워야만 마음이 평온해지는 것 아니냐고요?

멍상은 평온을 담보하는 운동이 아닙니다. 평화를 위해 저항하는 운동도 아니고요. 명상은 싫은 것도 있는 그대로 바라보고 받아들일 수 있게 만드는 마음 운동이에요. 평온은 그 후에 부록처럼 자연스럽게 따라온답니다.

저항 보스를 다루는 데 익숙해지면 멍상이 일상에서 변화를 만들어내기 시작합니다. 일이 술술 풀려서가 아니라요. 내가 어찌할 수 없는 일에 연연하고 매달리는 저항의 습관을 알아차려 애먼 곳에 들어간 힘을 툭툭 뺄 수 있기 때문이에요. '바꿀 수 없구나!' 알아차리고, 바꿀 수 있는 일에 주의를 두는 방식이지요. 불필요한 곳으로 나가던 에너지 누수가 줄어드니 일상이 한결 가뿐해질 거예요.

분석 보스
"이렇게 하는 게 맞다고 생각해?"

'이렇게 하는 게 맞나?'
'내가 알기로 명상은 이렇게 하는 게 아닌데.'
'시간을 내서 할 만큼 이게 효과가 있나?'

명상 중에 이런 의심을 한번쯤은 해보셨을 거예요. 분석 보스가 나타났습니다. 분석하는 것은 자연스러운 일이에요. 분석도 생각의 일종이거든요. 그렇기 때문에 분석도 결국 앞서 살펴본 생각의 특징처럼 실체가 없답니다.

분석 보스들이 명상에 훼방을 놓을 때는 한 걸음 물러나서 있는 그대로 바라보세요. 그리고 이들이 지나가기를 기다리세요. 밀어내려고 하거나 없애버리려고 하지 않습니다. 앞에서 살펴본 생각 다루는 방법과 다르지 않아요.

분석 보스를 자주 만나는 분들 중에는 오늘 내가 뭘 깨달았는지 기록하고, 추적하기를 좋아하시는 분이 많아요. 만약 그런 분이시라면 명상을 머리로 먼저 이해하고 아이디어가 떠오르면 바로 기록하고 싶을 거예요. '머리로 추적하고 이해한다'는 마음가짐보다는요, 순간순간에 집중하며 '몸으로 느껴보자'는 명상 의도를 세워보세요. 만약 기억하고 기록하는 데 매달리게 된다면 매달림을 알아

이름	분석 보스
소개	난 아무것도 믿지 않아
필살기	세상 모든 것을 분석하는 안경 쓰기
특징	의심이 가득함 굉장히 깐깐해서 그냥 넘어가는 일이 없음 기준이 높고 엄격함

차림과 동시에 그 욕구를 과감하게 내려놓으세요. '기억해야지! 기록해야지!' 하는 욕구가 자꾸 올라와도 몸으로 돌아오는 연습을 하면, 머리로 깨달음을 붙잡으려는 태도가 명상을 방해한다는 것을 깨닫게 될 거예요. 내가 명상에서 느낀 것을 다 기록하고 기억할 필요는 없어요. 충분히 연습하면 명상이 몸에 익숙해지고, 정말 중요한 생각은 반드시 다시 돌아올 테니까요.

하지만 가끔은 시간이 갈수록 분석이 점점 더 강해질 수도 있지요. 이때도 똑같습니다. '분석이라는 생각은 이렇게 더 깊어지고 강력해지는구나' 하고 거리를 두고 관찰하는 거예요.

분석이 시작되면 내 몸의 느낌에 조금 더 집중하는 것도 하나의 대처 방법입니다. 목과 어깨에 긴장이 들어가고, 몸이 조금씩 굳어가는 걸 알아차리세요. 분석이 가져오는 몸의 감각입니다. 심호흡하며 굳은 몸을 이완시키세요.

졸림 보스
"깨우지 마시오"

명상 중에 졸음이 오는 건 자연스러운 일이에요. 나만 그런 게 아니에요. 우리는 거의 항상 긴장한 채로 살아가잖아요. 볼거리가 쏟아지고 할 일도 많으니까요.

그런데 명상은 반강제적으로 눈을 감고 몸을 느끼는 과정이죠. 명상을 할 때에서야 '내 몸이 피로했구나, 쉼이 필요했구나'를 깨닫고 스르르 잠에 빠져들 때가 많아요. 졸림 보스가 나타난 거예요. 이럴 때는 피로가 풀릴 만큼 푹 자고 명상을 다시 시도해보세요.

잘 잤는데도 명상만 하면 졸립다고요? 혹시 명상 시간을 잠자기 전과 같이 몸이 쉼으로 들어가기 직전에 마련해둔 건 아닌지 살펴보세요.

잠옷을 입고 침대에서 불을 꺼놓고 명상을 하면 누구라도 잠들겠죠. 이럴 때는 몸이 좀 깨어나는 시간으로 명상 시간을 바꾸는 걸 추천합니다. 아침에 일어나 세수도 하고, 창문을 열어 상쾌한 바람을 쐰 다음 명상에 들어가보면 어떨까요.

이름	졸림 보스
소개	나를 피해갈 순 없을걸
필살기	잠을 잤는지, 명상을 했는지 헷갈리게 하기
특징	누구에게나 찾아갈 수 있음 태양만큼 피하기 어려움 보기 싫은 마음이 있을 때 자주 등장함

자세도 졸림 보스를 불러와요. 일어나 있으면 앉고 싶고, 앉아 있으면 눕고 싶은 게 사람이잖아요. 명상을 할 때만큼은 어디에도 기대지 않고 허리를 곧게 세워 앉아 보세요.

반듯하게 세운 허리는 정신을 명료하게 유지하는 데 도움을 주거든요. 허리가 아프다면 바닥이 아닌 의자에 앉아보세요. 두 발을 바닥에 잘 놓고, 허리를 펴고 앉습니다.

졸림 보스가 찾아오면, 정신과 몸을 깨우는 것들을 상상해보는 것도 방법이에요. 밝게 들어오는 빛, 시원한 냉수 한 잔의 느낌 같은 것들이요. 명상 전에 30초 정도 이런 상상을 하며 몸을 깨운 뒤 마음 운동을 해보세요.

모든 걸 다 해봤는데도 명상만 하면 잠이 쏟아질 때는 혹시 내 안에 마주하고 싶지 않은 마음이 있는지 잘 살펴보세요. 피한다고 그 마음이 어디 가지 않거든요. 그게 너무 두렵다면 글을 써보는 것도 도움이 돼요. 제가 활용하는 글쓰기 방법을 소개할게요.

1. 나는 뭘 느끼고 있지? 내 마음은 어떻지?

248쪽 '마음 단어 주머니'를 참고하며, 내가 느낀 감정을 친구에게 한풀이하듯 씁니다.

2. 일어난 일을 팩트 중심으로 쓰기

이번엔 일어난 사건을 감정은 빼고 팩트 중심으로 짧게 써봅니다. 기사를 쓰듯이요. 이 방법은 감정이 내 주인이 되려고 할 때 유용합니다.

3. 무엇을 중요하게 생각하지? 지금 건드려진 욕구는 뭘까?

감정과 욕구는 한 세트죠. 앞에서 쓴 글을 보고 나의 어떤 욕구가 충족되지 않았는지 살펴봅니다. 다정하게 알아봐주는 건 물론입니다!

4. 나는 변화를 위해 지금 무엇을 할 수 있지?

내가 지금 이 자리에서 만들 수 있는 변화가 있는지 써보면 문제가 생각보다 단순해집니다. 그저 숨을 제대로 쉬면 될 때도 있고, 누군가에게 내 권리를 당당하게 요청하는 행동이 필요할 때도 있고요.

5. 손의 온기 느끼기

마음 가는 대로 충분히 글을 썼다면 마지막에는 두 손을 가슴 위에 포개어 얹으세요. 손의 온기를 느낍니다.

마음 운동의 훼방꾼들

왈이가 보내는 편지

괜찮아요

오늘 하루 어떠셨나요?

일터에서 유일한 클라이언트가 수당을 깎아서 다음 달 월세를 고민하셨나요. 연이은 미팅에 아침에 만난 사람 얼굴도 기억하지 못한 채 다음 미팅에 들어가셨을까요. 추운 겨울, 사람이 꽉 찬 버스에서 패딩과 패딩 사이에 끼여 힘겹게 출근하셨나요. 하루종일 일하고 돌아오니 좁은 원룸에서 나만 기다리던 강아지가 꼬리를 흔들며 여러분을 반기고 있었나요. 오늘 어떤 하루를 보내셨을지라도 이제 눈을 감고 숨을 쉬어요.

호흡에 집중해요. 그곳은 숨과 나만 있는 세계거든요. 아무도 없고, 숨과 나만 있어요. 더이상 어디에 가야 할 필요도 없고, 지금 내게 모자란 것도 보이지 않아요. 그냥 이 숨 안에서 온전함을 느껴요. 일시 정지 버튼을 눌러요.

괜찮아요. 명상이 아무런 감흥도 없고, 다리는 저리고, 감정은 때때로 압도적이고, 그만두고 싶고, 그런 내가 최악인 것 같나요. 이 모든 과정이 어색하고, 뭔가 잘못하는 건 아닌지 걱정이 되고, 제대로 하고 있는지 여전히 모르겠어도 괜찮아요! 정말로요.

'괜찮아요' 이게 사실 제가 여러분께 드리고 싶은 말의 전부예요. 우린 언제든, 무엇이든 다시 시작할 수 있답니다.

우리는 지금까지 마음이 튼튼해지는
명상 마음 운동을 했습니다.

마음이 조금 더 튼튼해지셨나요?
내 마음을 돌볼 수 있는 자신감이 생기셨나요?

왈이의 마음단련장이 아니더라도,
마음 운동은 언제 어디에서나 할 수 있어요.

앞으로도 계속 마음을 돌봐주세요.

필요할 때 주섬주섬
마음 단어 주머니

감정

기쁜

감동적인	신나는
감격스러운	열중한
벅찬	자랑스러운
감사한	자신있는
기대되는	재미 있는
생기 있는	편안한
놀라운	평화로운
든든한	홀가분한
만족스러운	활기찬
사랑스러운	안온한
용기 있는	설레는

슬픈

괴로운	우울한
그리운	무력한
막막한	무기력한
미안한	침울한
서운한	좌절한
애석한	쓰린
실망스러운	후회스러운
안타까운	처참한
외로운	서러운
고독한	울적한
허전한	

화난

답답한	갑갑한
미운	고까운
분한	귀찮은
억울한	반감이 드는
환멸나는	기가 막히는
짜증나는	어처구니 없는
싫은	야속한
얄미운	애가 타는
분통터지는	아니꼬운
정떨어지는	혐오스러운

불쾌한

지친	막막한
귀찮은	착잡한
무관심한	복잡한
부끄러운	불편한
부러운	어색한
싸늘한	어지러운
지루한	심심한
피곤한	무료한
답답한	곤혹스러운
멋쩍은	거북한

두려운

걱정스러운	섬뜩한	긴장한	초조한
까마득한	겁나는	깜짝 놀란	벌렁대는
암담한	조바심 나는	당황스러운	경직되는
신경쓰이는	조마조마한	불안한	
뒤숭숭한	참담한	혼란스러운	
무서운	진땀 나는	찜찜한	

욕구

신체적

건강
의식주
휴식
안전
신체적 접촉
돌봄
운동

삶의 의미

전문성
성취
도전
회복
깨달음
봉사
효능감

사회적/정서적

친밀한 관계	감사
소통	인정
배려	소속감
존중	위안
공감	신뢰
수용	확신
지지	정서적 안전
협력	자기보호
도움	공유
관심	안전
우정	연민

자기구현

배움	목표
생산	혼자만의 시간
성장	혼자만의 공간
창조성	개성
치유	자기존중
숙달	주관
전문성	

놀이	아름다움
쾌락	아름다움
유머/재미	평화
즐거움	조화
여유	질서

CERTIFICATE OF COMPLETION

바쁜 일상 속에서도
나를 돌보는 일을
소홀히 하지 않으며,

명상으로 마음을 튼튼하게 만드는
여섯 개의 코스를 충실히 수료하였으므로
이 인증서를 드립니다.

왈이의 마음단련장
이사장 왈 이

Editor's letter

하루에 일곱 번, 1분씩 심호흡을 합니다. 애플워치가 시켜서 시작한 일인데, 마음이 꽤 평온해져서 어느새 습관이 되었습니다. 그런데 책을 만들며 보니, 어쩌면 저는 명상의 첫걸음을 시작하고 있었던 거네요. 이제 조금만 더 나아가면 될 것 같습니다. 좋은 일입니다. **민**

번아웃으로 마음이 너덜너덜하던 때 생일을 맞았어요. 평소라면 시끌벅적 보냈을 텐데 왈이의 마음단련장에서 온종일 명상을 했습니다. 눈을 감고, 말을 멈추고, 숨을 느끼며 온전히 나만 들여다보는 하루를 보냈지요. 그리고 그날 이후 변화가 시작되었어요. (주민님들 정말이에요! 명상을 시작해보세요!) 책 만드는 과정이 저에겐 위로와 치유의 과정이기도 했습니다. 자방 주민님들께 그 경험을 꼭 전하고 싶었습니다. **희**

이 책을 만든 시간을 잊지 못할 거예요. 에디터를 건강하고 행복하게 만들어준 감사한 책이거든요.
마음이 말하고 있어요. '명상'을 알게 해줘서 고맙다고요.
이 책과 함께한다면 주민님들의 마음도 그렇게 말하게 될 거라고 믿어요! **현**

작가님들을 처음 만났을 때, 첫 인사말이 기억납니다. "지금 마음은 좀 어떠세요?" 순간 울컥해서 폭풍 눈물을 흘렸더라죠. (초면에 죄송했어요 작가님.) 책을 읽는 내내 그때가 떠올랐던 것은, 한 페이지 한 페이지가 우리에게 전하는 '마음 안부'처럼 읽혔기 때문일까요.
모쪼록 주민님들의 마음도 튼튼히, 안녕하시길 바랍니다. **령**

마음도 운동이 필요해

1판 1쇄 발행일 2020년 12월 15일

지은이 김지언, 노영은
발행인 김학원
발행처 (주)휴머니스트출판그룹
출판등록 제313-2007-000007호(2007년 1월 5일)
주소 (03991) 서울시 마포구 동교로23길 76(연남동)
전화 02-335-4422 **팩스** 02-334-3427
저자 · 독자 서비스 humanist@humanistbooks.com
홈페이지 www.humanistbooks.com
시리즈 홈페이지 blog.naver.com/jabang2017
디자인 스튜디오 고민 **용지** 화인페이퍼 **인쇄** 삼조인쇄 **제본** 정민문화사

자기만의 방은 (주)휴머니스트출판그룹의 지식실용 브랜드입니다.

ISBN 979-11-6080-523-9 (03190)

이 도서의 국립중앙도서관 출판예정도서목록(CIP)은 서지정보유통지원시스템 홈페이지 (http://seoji.nl.go.kr)와 국가자료공동목록시스템(http://www.nl.go.kr /kolisnet)에서 이용하실 수 있습니다. (CIP제어번호: CIP2020051398)